EL CÍRCULO HERMÉTICO

DE

HERMANN HESSE

A

C. G. JUNG

editorial kier

Obras del mismo autor:

· Elella. Libro del amor mágico.
· Las visitas de la Reina de Saba
· Nos. El libro de la resurrección.
· Ni por mar, ni por tierra.

MIGUEL SERRANO

EL CÍRCULO HERMÉTICO

DE
HERMANN HESSE
A
C. G. JUNG

100 *años de Sabidurías*

Serrano, Miguel
    El círculo hermético.- 1ª. ed. 6º reimp. - Buenos Aires : Kier, 2007.
    192 p. ; 20x14 cm.- (Horus)

    ISBN 978-950-17-0103-6

    1. Hermenéutica I. Título
    CDD 121.68

Título original en inglés:
C.G.Jung and Hermann Hesse: A record of two friends.
Editado por Routledge and Kegan Paul Ltd., 1966
Diseño de tapa:
Graciela Goldsmidt
Diseño interior:
Fotoarte
Correción de pruebas:
Prof. Delia Arrizabalaga
LIBRO DE EDICION ARGENTINA
ISBN 978-950-17-0103-6
Queda hecho el depósito que marca la ley 11.723
© 2007 by Editorial Kier S.A., Buenos Aires
Av. Santa Fe 1260 (C 1059 ABT), Buenos Aires, Argentina.
Tel: (54-11) 4811-0507   Fax: (54-11) 4811-3395
http://www.kier.com.ar - E-mail: info@kier.com.ar
Impreso en la Argentina
Printed in Argentina

ENTONCES

(Prólogo)

Cincuenta años han pasado –medio siglo– desde que partiera por primera vez a Europa. Iba en busca de Hermann Hesse y era muy joven. La emoción de aquel encuentro está relatada en este libro. Milagro, coincidencia, sincronismo. Tal vez reencarnación... Veinte años después viví en la casa Camuzzi, en Montagnola, la misma donde habitó Hesse, quizás por un número idéntico de años. El lecho del escritor, el mueble de su biblioteca, su cocina, la chimenea, el espejo y la "ventana de Klingsor". El lago de Lugano y el monte de San Salvatore... Recuerdos, nada más que recuerdos, porque todos han partido, todos ya se fueron. También la signorina Camuzzi, cuyo rostro tengo aquí al frente, mientras escribo estas líneas.

Debo extrañarme de que todo esto fuera posible. Un joven escritor desconocido, venido del último rincón del mundo, de un país con "lonely name" (Chile), es recibido por H. Hesse y luego por C. G. Jung, quienes le hacen su amigo y le confiesan cosas que a nadie más dijeran, llegando Hesse a publicar, en representación suya, una carta mía, en el principal diario de Suiza a la muerte del gran psicólogo, a la vez que Jung prologó mis "Visitas de la Reina de Saba" y, por primera vez da a entender que los arquetipos no serían productos del Inconsciente (Colectivo) sino de un Súper-Consciente (es decir, dioses autónomos). Refiriéndose a mi libro, escribe: "Hay aquí conocidas figuras arquetípicas, claramente discernibles y *lo menos semejantes a los productos espontáneos del insconsciente a que me encuentro acostumbrado*" (la letra destacada es mía).

Poco antes de su muerte, C. G. Jung me envió una carta manuscrita, con su testamento ideológico, que yo hice llegar al Instituto Jung, en Zurich, donde ahora se encuentra. Confiesa que muy mal haría si tratara de destruir su tesoro (la experiencia de su vida) con el cual "*hasta podría iluminar la oscuridad del Creador*".

Ahora soy yo el único en el mundo que guarda "estos tesoros", para tratar de iluminar la oscuridad de los hombres que nos rodean. Y aquí estoy, ahora, "*solo como una montaña, repitiendo la palabra 'entonces'...*"[1].

MIGUEL SERRANO
Santiago de Chile, año 2002

1- Del poeta chileno Omar Cáceres, de su único libro: *La Defensa del Ídolo*, del poema *Azul Deshabitado*.

Miguel Serrano en su biblioteca de Valparaíso, el antiguo puerto de Chile, donde hoy vive.

"Dedico esta nueva edición
a Ute, quien, con Hermann Hesse,
me permitió entrar y acompañan
a vivir en Casa Camuzzi,
y en el Círculo."

HERMANN HESSE

Es el 22 de enero de 1961, en Montagnola, en la parte italiana de Suiza. Almuerzo en casa de Hermann Hesse. Afuera cae la nieve; pero el cielo está claro. Miro a través de la ventana; luego, a mi plato de CURRY; al levantar la vista encuentro, al otro extremo de la mesa, los ojos también claros y transparentes de Hesse.

—¡Qué suerte -digo- hallarme hoy almorzando aquí, con usted!

—Nada sucede por casualidad —responde Hesse— aquí sólo se encuentran los HUÉSPEDES JUSTOS; éste es el CÍRCULO HERMÉTICO.

10   *Hermann Hesse y el autor, en Montagnola, en la Suiza Italiana.*

Demian

Mi primer contacto con la obra de Hermann Hesse tuvo lugar en 1945, o tal vez un poco antes. No recuerdo quién me pasó *Demian*. En aquel entonces Hesse era casi un desconocido en Chile. Se le discutía en pequeños cenáculos, como en secreto. Por otra parte, fuera de Alemania también su fama era restringida. Fue en 1946 cuando el gran público se enteró de su existencia al concedérsele el Premio Nobel de Literatura. Desde entonces pasó a formar parte, a la fuerza diría yo, de los autores traducidos a muchas lenguas. A pesar de ello, hay países en los que Hesse sigue siendo un autor que no despierta gran entusiasmo. Para el público anglosajón, Hermann Hesse es un escritor especioso, y sus traducciones no constituyen un éxito editorial. De hecho, no se han traducido al inglés sus obras completas. En Londres, he debido buscar por días algunos de sus libros más conocidos, para obsequiarlos a algún amigo culto, pero que nunca había oído hablar del escritor alemán. Qué diferencia con el público de habla hispana, donde la obra de Hesse ha sido leída y releída, considerándose a su autor como a un Maestro que enseñaba normas de vida a una juventud ávida de nuevos horizontes espirituales.

Es extraña esta diferencia entre el público sajón y el hispano frente a la obra de Hesse. En especial, el lector latinoamericano ha sido quien acogiera con mayor calor al autor alemán; y dentro de América latina, Chile, la Argentina y México. No sé si en el resto del mundo el escritor haya llegado a tener iguales admiradores. En la India, por ejemplo, su libro *Siddharta,* aunque traducido al bengalí, al hindi y a otras lenguas locales, no es ampliamente conocido y también circula entre minorías no del todo entusiasmadas. En casi diez años de permanencia en India, hube de regalar muchos ejemplares, enviando el último al monje Krishna Prem, un inglés doctorado en Cambridge, filósofo bakhti, devoto de Krishna, autor del interesante libro *La Yoga del Kathopanishad,* y que vive desde hace más de treinta años en las cercanías de la muy religiosa ciudad de Almora, en las primeras estribaciones de los Himalaya.

¡Qué diferencia con los latinoamericanos! Un pintor de México me hizo llegar una diapositiva en colores de un cuadro suyo representando al *Magister Musicae* y a Josef Knecht, de *El Juego de Abalorios.* El viejo Maestro está al piano y el joven Knecht lo acompaña al violín en la primera sonata que ejecutaron juntos. El pintor había enviado el cuadro a Hesse como obsequio y Hesse le recomendó que me buscase en Delhi. Hube de trabajar firme para que el pintor no se trasladase a la India.

La pasión que Hesse despertó en las almas hispanas solamente se podrá comparar con la que de seguro despierta, o despertó, entre los alemanes de toda una generación.

En la actitud de aquel pintor mexicano me sentía interpretado, porque así también he sido y sigo siéndolo. Aún hoy daría la vuelta al mundo para encontrar un libro, cuando creo que este es fundamental o el alimento que mi alma necesita. Y venero a su autor con un amor superior al que nunca me hayan ofrecido "la presencia y la figura" en esta tormentosa tierra. Por eso me siento extraño entre la juventud tibia de nuestros días, que espera el regalo de las obras, que no las busca donde sea, que no venera. Yo podría no haber comido, haber robado, para obtener lo necesario para un libro. Nunca los quise prestados, porque los deseaba míos, absolutamente míos, para una convivencia íntima con ellos, de días y de horas.

Como acontece con los hombres, así sucede también con los libros; hay un destino para ellos, van como guiados hacia los seres que los esperan, llegándoles en la hora precisa. Ellos viven, mueren y reencarnan; están construidos de materia palpitante, que busca y se abre camino a través de las sombras y las espesuras, a menudo más allá del tiempo de sus autores. Hesse decía que su *Siddharta* entró en la India veinte años después de su aparición y, aunque él no lo sabía, sólo a medias. Al comienzo, Hesse debió regalar su libro a los amigos, para que lo leyeran, sin recibir a menudo ni siquiera una carta de agradecimiento. La obra destinada a trabajar en lo profundo necesita de años de soledad.

Así, de esa forma certera, señalada, la primera obra de Hesse llegó a mis manos, allá por el año 1945. Fue *Demian*, ese libro mágico. ¿Por qué me produjo una impresión tan singular? Ondas de fuerza se me transmitieron de sus páginas. Desde que la obra fuera escrita, muchos años habían pasado. Tal vez yo no había nacido cuando fue concebida. Muchas gentes se habían alimentado de su influjo; muchas ediciones habían sido hechas. Llegaba a mí traducida de su lengua original, seguramente con errores; sin embargo, la energía se conservaba, la fuerza, el milagro. Las palabras, el sueño, el soplo y el tormento en el pensamiento de un ser que la concibió se recreaban al contacto con una nueva mente que la acogía y para la cual también estuvo destinada. ¿No es esto un milagro? Cuando su autor, aún joven, inclinado sobre cuartillas, quizás en Baden, cerca de Zurich, en la pensión "Verenahof", daba vida a su obra, en ella se concentraban fuerzas existentes ya en potencia, pero que serían irreales para quienes estuviesen ubicados en otra esfera del espíritu. Estas fuerzas revivirían, resurgirían potentes al contacto con una mente y un corazón que siguieran idéntico peregrinar.

Demian, el héroe, se convertiría en el modelo de muchas vidas; había que emularle en su fuerza y serenidad, en todo aquello que tiene de arquetipo. Por eso yo caminaba por las calles de mi ciudad sintiéndome un hombre nuevo, portador de un mensaje y un signo. Y por eso también Hesse ha sido más que un literato o un poeta para varias generaciones. Su mensaje toca regiones que fueran reservadas a la religión. En verdad, solamente en algunos de sus libros, en los de tipo mágico, no en los evocativos. Estos últimos quedan mayormente para el público de su patria, revestidos de un carácter local. Para mí, la obra de Hesse se circunscribe a *Demian, Viaje al Oriente,* su fantástica *Autobiografía, Siddharta, El Juego de Abalorios, El Lobo Estepario* y *Narciso y Goldmundo.* Luego, también, *Las Metamorfosis de Piktor,* que aquí glosaremos.

Demian no es realmente un ser físico, no se encuentra separado de Sinclair, el personaje que narra. Demian, en verdad, es el mismo Sinclair, su yo profundo, el héroe arquetípico existente al fondo de nosotros mismos, el Ser, en una palabra, aquello que permanece inmutable e intocado en el alma y en cuya vecindad todos tratamos o debiéramos tratar de vivir. Hay en esta obra un mensaje de pedagogía mágica, al intentar conducir a un niño hacia el contacto redentor con el ser milenario que en él vive y de donde extraerá las fuerzas que pueden hacerle superar los peligros, cabalgando por sobre las olas del primer caos, especialmente de la adolescencia. Algunos más, otros menos, nos hemos encontrado en nuestras vidas con personajes como Demian, allá en la lejanía de los años: esos muchachos seguros de sí, serenos, héroes venerados por el resto. Pero Demian, en verdad, está dentro de nosotros. Al final de esas páginas insinuantes, Demian se acerca a Sinclair, en el lecho de un hospital de guerra, le besa la boca ensangrentada y le dice: "Oye, mi pequeño, si alguna vez me necesitas, ya no volveré más tan toscamente, a caballo o en tren. Me encontrarás dentro de ti mismo".

Hesse escribía esto en sus más angustiosos días, cuando abandonaría para siempre su patria y la guerra. Había encontrado a Demian, se había hallado a sí mismo.

Este mensaje no está racionalizado en el libro. Se halla envuelto en materia mágica, es símbolo. Por lo tanto, sólo puede ser captado por el corazón, por la intuición. Y estalla, por decirlo así, en el alma del lector, para quien el libro ha llegado despacio, "como un ladrón en la noche", abriéndose camino a través de espesas sombras de olvido y penitencia.

Por eso, hace muchos años, yo caminaba por las calles de mi ciudad con el pecho hinchado, sintiendo que algo nuevo había llegado a mi vida; un mensaje de la eternidad.

Abraxas

Luz y sombra es la vida. Sin embargo, nos esforzamos tratando de realizar uno solo de sus extremos. Hacia la luz tiende nuestra alma, con tanta fuerza, hacia las altas cimas, hacia Dios. Sublimes visiones, exaltadas esperanzas. Desde niños, toda una pedagogía familiar primero, luego escolar, humanística, nos han marcado a fuego los valores correspondientes a una sola de las caras del sello. La civilización cristiana occidental pretende la superación del lado sombrío de la esfera, sin encontrar una simbología apropiada, puesta a disposición del que comienza en la vida para que pueda aceptar e interpretar igualmente las sombras que la luz proyecta.

Y cuando caemos de tan alto, de bruces sobre la tierra y allí mismo somos felices por un instante, nuestra mente carece de nexos y signos que puedan ayudarnos. Es así como nos hace suyos el desdoblamiento.

No sucede lo mismo en Oriente, en la India, donde una antiquísima civilización de la Naturaleza acepta sus dioses polifacéticos, logrando el hombre una expresión simultánea, sin transiciones, entre luz y sombra, bien y mal, de modo que se ha desarmado al Demonio, por así decirlo, a la vez que a Dios. Pero el precio de tan altísima empresa se paga en duro tributo a la Madre Naturaleza. El hombre hindú se halla menos individualizado que el occidental, es un poco más alma colectiva, más Naturaleza.

Ahora bien, ¿como podría el hombre cristiano occidental llegar a un punto donde, sin dejar de ser individuo, alcance un estado en que luz y sombra, Dios y Demonio, coexistan?

Tendrá que descubrir un dios que haya sido cristiano antes de Cristo y que pueda seguir siéndolo después de Él. Es decir, el Cristo de la Atlántida, que una vez fue y que puede surgir de nuevo de las profundas aguas, como desde el centro de un continente recuperado.

Este Dios es Abraxas, dios y demonio al mismo tiempo.

La primera vez que supe de Abraxas fue en *Demian*, pero él ya estaba en mí desde la infancia, habiéndole percibido al fondo de la roca andina y en las profundidades insondables del océano que estraga nuestras costas; porque en las espumas de las grandes olas también reverberan sus fuegos fatuos, sus ardores del cielo y del infierno.

Abraxas es un dios gnóstico; por lo tanto, cristiano antes de Cristo; es por ello el Cristo de la Atlántida. Fue ya conocido con otros nombres por el indio aborigen de las Américas.

Hermann Hesse habla así de él:

"Contempla el fuego, contempla las nubes, y cuando surjan los presagios y comiencen a sonar en tu alma las voces, abandónate a ellas sin preguntarte antes si le conviene o le parece bien al resto. Con eso no haces más que echarte a perder, tomar la acera burguesa y fosilizarte. Nuestro Dios se llama Abraxas y es Dios y Demonio al mismo tiempo; entraña en sí el mundo luminoso y el oscuro. Abraxas no tiene nada que oponer a ninguno de tus pensamientos ni a ninguno de tus sueños. No lo olvides. Pero te abandonará cuando tú llegues a ser normal e irreprochable. Te abandonará y buscará otra olla en que cocer sus pensamientos".

Para poder superar el conflicto dramático en que el hombre

cristiano y la civilización occidental se encuentran, sin provocar una de esas apocalípticas catástrofes periódicas del Occidente y sin llegar a rebajar los niveles, lo cual se produciría al "orientalizarse", tal vez no quede otra posibilidad que Abraxas, es decir, una proyección del alma en torno a la esfera, un sumergirse en las raíces mismas, biográficas, hasta hallar allí el arquetipo puro que fuera desfigurado, pero que es la imagen auténtica del dios entristecido por nuestros pecados, inmediatamente después del hundimiento de la Atlántida en las espantables aguas de nuestra propia alma.

Abraxas también quiere decir el Hombre Total.

Narciso, Goldmundo
y Siddharta

Para quienes se encuentran familiarizados con los libros de Hesse, nombres como Narciso, Goldmundo y Siddharta les son conocidos. La obra de Hesse se mueve en torno a un "leitmotiv" siempre idéntico. Sinclair y Demian son una misma persona; Narciso y Goldmundo representan las dos tendencias esenciales en el hombre: la contemplación y la acción; lo mismo acontece con Siddharta y Govinda: son quizás un solo ser; por eso nace la profunda amistad entre ellos, la piedad, la comprensión. Es el amor a sí mismo, la caridad por el alma desgarrada entre la introspección y la extraversión. *El Juego de Abalorios* lleva el mismo tema a través de motivos complicados, desarrollándolos en fugas y arabescos, tan caros al alma musical de los alemanes. El hinduismo, el taoísmo chino, el budismo zen y, tal vez, las matemáticas, han dado toques conscientes al tema primigenio, trabajado ahora como una fuga de Bach o un cuadro de Leonardo.

Cuando por primera vez me encontré con Hermann Hesse, posiblemente él era ya un poco más Narciso que Goldmundo; es decir, había dejado de peregrinar, viviendo en su retiro apartado de Montagnola, en serena introspección. Pero lo más seguro es que Hesse haya sido Narciso y Goldmundo hasta el final de su vida, los dos al mismo tiempo.

19

De lo que sí estoy cierto es de que en aquel entonces yo era más Goldmundo que Narciso, aunque también me desgarraba por dentro de esas dos tendencias del ser. Como Siddharta, yo debería encontrar al amigo más sabio muchas veces a través del tiempo, vistiendo distintos ropajes y exornado con opuestas dignidades.

En mi primera entrevista cargaba yo un saco alpino y llevaba un libro bajo el brazo. Era joven y por primera vez salía de mi patria.

Me ahorraré los detalles que precedieron al encuentro. Básteme decir que en Suiza muy pocos conocían el lugar exacto en donde Hesse residía y que fue tras muchas consultas, como una joven me dio en Berna noticias de su paradero.

Tomé el tren para Lugano. Era junio de 1951, y el calor del verano europeo se hacía sentir aun en la montañosa Suiza. En Lugano debí preguntar nuevamente por el paradero del escritor, asilado en el país helvético. Alguien me dijo que vivía en Castagnola. Un autobús me transportó hasta la pequeña ciudad, en donde pude enterarme de que la residencia de Hesse se hallaba en Montagnola. Otro vehículo me llevó a esa empinada aldea que mira hacia las nieves alpinas y al lago de Lugano. El ómnibus ascendió por callejuelas hasta alcanzar el final de su recorrido. Conmigo descendió una mujer joven. Le pregunté por la dirección de la casa del escritor. Era su criada, y me invitó a seguirla.

En el crepúsculo de aquel día, alcanzamos la entrada de una huerta. Sobre la verja, un gran letrero en alemán decía: "Bitte, keine besüche" ("No se admiten visitas"). Crucé esa barrera y, por un camino bordeado de altos árboles, llegué hasta la puerta de la vivienda. Aquí había otra inscripción en alemán, traducida del chino antiguo:

PALABRAS DE MENCH-HSI

Cuando uno ha llegado a viejo
y ha cumplido su misión,
tiene derecho a enfrentarse apaciblemente
con la idea de la muerte.

No necesita de los hombres.
Los conoce y sabe bastante de ellos.
Lo que necesita es paz.

No está bien visitar a este hombre, hablarle,
hacerle sufrir con banalidades.
Es menester pasar de largo
delante de la puerta de su casa,
como si nadie viviera en ella.

La joven abrió la puerta y me hizo entrar en un pasillo en penumbras. Me ofreció un asiento junto a una pequeña mesa arrimada a la pared y me pidió mi tarjeta de visita. No la tenía y le entregué mi libro *Ni por Mar, ni por Tierra*, que había traído especialmente para Hesse, con una dedicatoria en español.

La joven se alejó por el pasillo. Esperé un rato allí, en ese ambiente apacible, recogido, envuelto en un como perfume de sándalo, en esa tarde antigua, de hace ya casi trece años.

Se abrió una puerta lateral y una figura delgada, vestida de blanco, emergió en la penumbra. Era Hesse. Me levanté sin distinguirle bien al comienzo. Sólo logré verle cuando salimos del pasillo, entrando a un cuarto con amplios ventanales. Sus ojos eran muy claros y una sonrisa bella se fue dibujando en el rostro magro de ese hombre. Parecía un asceta, un penitente, vestido de lino blanco. De su persona se desprendía aquel perfume especial, a sándalo o a resina de árbol añoso.

—Llega usted en un momento especial –dijo–; debíamos haber partido ayer de vacaciones. Tal vez lo hagamos mañana; pero mi esposa ha sido picada por una abeja y hemos debido postergar la salida... Todo está revuelto aquí, pasemos a mi estudio.

Cruzamos la sala cubierta de anaqueles que alcanzaban hasta el techo y entramos en otra más pequeña, con una mesa de escritorio al centro y también con altas bibliotecas, cuadros, objetos, pequeños ídolos de Oriente.

Hesse se sentó, dando la espalda al ventanal, en donde el sol se ponía sobre los montes y el distanciado lago. Quedé a su frente, al otro lado de la mesa de trabajo, de la cual ya se habían retirado los papeles y los útiles de escritorio.

Hesse me miraba sin decir palabra, con esa suave sonrisa en sus labios, esperando y dejando que una paz desconocida se adueñara del ambiente.

Sentía la importancia del instante. Ahora, al revivirlo, sé que esos eran años intensos de mi vida, cuando aún el alma era capaz de estremecerse ante los encuentros y cuando aún los encuentros existían. Ahí estuve yo, ante un ser admirado, para encontrarme con el cual había cruzado por primera vez los mares. Y la acogida que él me dispensara fue de acuerdo a las circunstancias espirituales que motivaron la peregrinación.

Me pareció que Hermann Hesse no tenía una edad precisa. Creo que en ese mes de junio de 1951 acababa de cumplir 73 años; pero su sonrisa era la de un joven y toda su figura aparecía como patinada por las disciplinas del espíritu, como si fuera una hoja de fino acero, guardada en vaina de blanco lino.

Dije:

—Vengo de muy lejos; pero a usted se le conoce bien en mi patria...

—Es curioso –respondió Hesse– el interés que están despertando mis libros en el público español. Recibo a menudo cartas de lectores de la América latina. Mucho me gustaría que usted me contara cómo son las nuevas traducciones, en especial la de *El Juego de Abalorios*.

—Lo haré –dije–. La edición de *Narciso y Goldmundo* preserva el espíritu y su sentido.

—Narciso y Goldmundo representan las dos tendencias contrarias del alma: la contemplación y la acción; aunque puede que algún día deban confundirse...

—Lo comprendo –agregué–, porque vivo también dentro de esa tensión, tironeado entre extremos. Sueño con la paz de la contemplación, pero la necesidad de vivir me empuja a la acción exterior. En verdad, soy ahora un poco más Narciso..., aunque ansío a Goldmundo...

—Hay que dejarse llevar como las "nubes blancas"... No hay que resistir. Dios está allí, en ese desgarrado destino, tanto como en estos montes y en aquel lago. Es difícil y es duro llegar a comprenderlo... El hombre se aleja más y más de la Naturaleza y de sí mismo...

—¿Le ha ayudado a usted la sabiduría de la India? –le pregunto.

—Más que los Upanishad y la Vedanta me ha inspirado la sabiduría china... El *I Ching* puede transformar una vida...

Miré el atardecer. Una tenue luz azul, o tal vez rosada, se detenía en los ventanales, nimbando la figura también tenue de Hermann Hesse.

—Dígame, junto a estos montes y sus nieves, ¿ha encontrado usted la paz?

Hesse enmudeció un largo rato, sin que por ello su suave sonrisa desapareciera, de modo que pudimos escuchar el susurro de la luz, el silencio de las cosas y de la tarde, hasta cuando él quiso interrumpir esa quietud:

—Junto a la Naturaleza es posible escuchar la voz de Dios.

Un buen rato aún permanecimos allí sentados, hasta que comprendí que era hora de partir.

Hesse me regaló una pequeña acuarela pintada por su mano, escribiendo en el dorso de ella: "Montagnola Ricordo". Él amaba la pintura y era un buen acuarelista.

Me acompañó luego hasta la puerta y, al despedirse, me estrechó la mano como un viejo amigo, diciendo:

—Si alguna vez vuelve, es posible que yo ya no esté.

Aquellos que aún son lo suficientemente jóvenes como para hacer las preguntas que yo hiciera a Hesse en esa tarde, o como las que Siddharta hiciera a Buda, comprenderán mis impresiones.

De regreso por las angostas callejuelas de Montagnola, no encontré el ómnibus, pero un joven me transportó a Lugano en su motocicleta.

Esa misma noche debí encontrarme en Florencia, esa ciudad cargada de magia renacentista.

Eran los años de la posguerra, y la Italia empobrecida buscaba aún refugio en el dólar y el alcohol de las tropas de ocupación.

Las Ciudades y los Años

Muchos años debieron transcurrir hasta mi próximo encuentro con Hermann Hesse. Sin embargo, durante todo ese tiempo, no dejamos de comunicarnos. Fueron mensajes más bien sutiles de su parte. Es extraño, no puedo menos de admirarme de lo sucedido. Apartados por años, distancia, formaciones culturales y continentes, una verdadera amistad, tejida en una tela asombrosa, se fue creando, hasta llegar a convertirse en cosa del destino. El escritor mundialmente admirado, el Maestro, el Mago, por así decirlo, le tendía su mano añosa a un escritor joven, desconocido, venido de un país pequeño, casi perdido en el último rincón del mundo, y lo hacía su amigo, hasta llegar a decirle, al final de sus días: "Ya no me quedan amigos de mi edad, todos han muerto"...

Después de mi partida a la India, en 1953, las comunicaciones con Hesse se hicieron más frecuentes, pues él se hallaba desde siempre empapado de la antigua sabiduría hindú, que nutriera su alma y su obra. Le comuniqué mi partida sin decirle que iba como diplomático, porque deseaba seguir siendo para él un peregrino, con su bordón y su saco, como cuando le visitara por primera vez en su santuario de las cumbres alpinas.

Mi vida y mi experiencia de la India se hallan narradas en mi libro *La Serpiente del Paraíso*. Sólo agregaría aquí que no pasó un año sin que enviase a Hesse señales, o las recibiera también de aquel eremita que no gustaba prodigarse. A veces eran fotos; otras, pinturas, poemas o libros.

Nuestra amistad no fue, por cierto, literaria, sino mágica, sin edad, sin tiempo; un encuentro en medio del río eterno de las cosas.

Montagnola es una pequeñita ciudad empinada sobre el lago de Lugano. La forman calles limpias y estrechas, de casas cuidadas, algunas bastante antiguas, que han sido reproducidas por Hesse en sus acuarelas del Tesino. Por largos años, el escritor habitó un piso en una casona antigua, con almenas y ventanas que miran hacia un boscoso jardín y a colinas ondulantes. En uno de sus balcones escribió *El Último Verano de Klingsor*, historia ardiente como la canícula de aquellos parajes.

Muchas veces he ido a sentarme sobre las gradas de piedra del jardín y he contemplado el balcón y las almenas de esa casona, que fue construida por uno de los arquitectos suizos que formaron parte del ejército con el cual Napoleón invadió a Rusia. Luego de la retirada del Corso, algunos se quedaron para reconstruir a Moscú y al final regresaron a su tierra natal.

He visto esta bella mansión durante el árido verano y también cubierta de nieve en el invierno de las cumbres. Los plátanos, que montan guardia en la calleja frontal, me han mostrado sus muñones áridos y oscuros o sus flores primaverales.

Hesse vivía ahora en otra casa más retirada, sobre una colina, con gran huerto de árboles frutales y hortalizas. Fue construida especialmente para él por un amigo, quien se la facilitó hasta su muerte.

Fue en esta casa donde le visité por primera vez y a la que llegaría nuevamente después de largos años.

Para alcanzar Montagnola pasé ahora a través de Locarno y Ascona, esas bellísimas ciudades de la Suiza italiana. En Locarno debía encontrarme por primera vez con el profesor Jung. Era el 1° de marzo de 1959. Casi ocho años habían pasado. Representaba a mi país como embajador en la India. Una nueva encarnación. Siddharta volvía a encontrarse con el amigo, ataviado con otras vestimentas. Otros ropajes para el espejo de Maya, para la tela fantasmagórica de la Gran Ilusión.

El automóvil que me transportaba iba subiendo nuevamente por las angostas callejuelas bordeadas de tapias y jardines.

Al azar, me detuve junto a una hostería. Su dueño era el señor Ceccarelli, y su esposa, conocida de la casa de Hesse, llamó por teléfono para solicitarle una entrevista. Hesse me citó para esa misma tarde.

Crucé los portales cuya memoria se conservaba fija en mi mente. Y otra vez me hallé en el cuarto de amplios ventanales. De nuevo estaba frente al escritor, que ahora tenía ochenta años. Sin embargo, su rostro era el mismo y su sonrisa siempre bella, aunque tocada de una indefinible tristeza.

Me estrechó la mano y dijo.

—Sí, me acuerdo de usted.

Yo me sentía distinto. No era ya el peregrino de antaño. Duros climas asiáticos, otras búsquedas agotadoras, habían dejado en mí sus huellas. Pero el corazón latía con emoción ante el reencuentro con el amigo.

La señora Hesse entró a la sala y nos invitó a sentarnos. Era bastante más joven que el escritor, con un rostro de belleza secreta y una voz y una sonrisa atenuadas.

Seguramente Hesse trataba de rehacer en su memoria la imagen de nuestro primer encuentro.

—¿Qué es de la India? –dijo–. Ese gran pueblo hecho para el sufrimiento. La recorrí hace años, como en un homenaje a mi abuelo y a mi padre. Mi abuelo trajo de allí una estatuilla de Krishna, el bailarín azul, tan grato a mi corazón... Tuve en la India a un amigo, el profesor Kalidasa Nath, de Calcuta... ¿Vivirá aún? Le ruego averiguarlo, y, si vive, darle mis saludos. Me visitó una vez, en compañía de Romain Rolland.

—Lo haré. He traído para usted estas pequeñas cosas.

Le pasé unas varillas de sándalo para quemar y una antigua miniatura del Valle de Kangra, representando a dos mujeres que marchaban por una senda oscura, en medio de una tormenta del monzón, cruzada por relámpagos y rayos. Una de las mujeres se apoyaba dulcemente en el hombro de la otra.

—Quizás sea la Princesa Fátima –le digo–, la que usted buscaba en su libro *Viaje al Oriente*.

Sonrió y se quedó mirando el cuadro. Se dirigió a su esposa y le señaló la mano de la joven, apoyada en el hombro de su compañera.

—Observa la dulzura de esta mano.

Yo había escrito en el dorso del cuadro: "Para Hermann Hesse, desde el mundo de los símbolos".

Expliqué:

—Porque usted ha vivido sus propios símbolos, su propia fábula y, en su obra, los desarrolla y repite, ampliándolos.

Su esposa salió un instante y retornó con una botella de vino añejo. La puso sobre la mesa y Hesse apoyó en ella la miniatura y se quedó contemplándola.

—Vengo de Locarno –dije–, en donde he estado con el profesor Jung. Él interpreta los símbolos, los analiza. Es curioso, pero en la India no se da la trascendencia necesaria a su trabajo.

—India no interpreta los símbolos, los vive. También mi libro *Siddharta* ha demorado veinte años en llegar a la India, su verdadero hogar. Sólo ahora se lo ha traducido al hindi, al bengalí y a otras lenguas. Hay en la India una especie de egoísmo *mental* que es, sin embargo, su fuerza; al revés del Japón, donde se asimila todo lo extranjero. Creo que es necesario ese egoísmo mental.

—Sí –respondí–; la India gira en torno a sus propias creaciones milenarias, yendo alrededor de ellas. Los escritores hindúes son exegetas de sus tradiciones y de sus libros sacros, viven inmersos en el enorme pasado, en su Inconsciente Colectivo, repitiéndose a sí mismos como una Misa. Es decir, también ellos son sacros, quizás eternos...

—Es la razón por la cual el budismo ha desaparecido de la India –continuó Hesse–, porque era demasiado intelectual y negaba el mundo de los símbolos... Mas, volviendo a Jung, creo que él tiene el derecho de interpretar los símbolos. ¿Sabe usted por qué? Porque Jung es una montaña inmensa, un genio extraordinario... Ha estado enfermo últimamente... Le conocí por un amigo común que también se interesaba en interpretar los símbolos. Hace años que no le veo. Si vuelve a encontrarle, dele saludos del Lobo Estepario...

Rió alegremente.

—He preguntado a Jung qué es aquello que él llama el *Sí-Mismo*, y lo ha asimilado al Cristo. Me ha dicho que, para el hombre occidental, Cristo es el Sí-Mismo.

Hesse dejó de reír. Calla un buen rato. Vuelve a contemplar el cuadro apoyado en la botella de vino, mira a su esposa y dice:

—Debemos buscar algo para nuestro amigo de Chile y de la India.

Se acerca a uno de los anaqueles cubiertos de libros hasta el techo y sube sobre una escalera pequeña para alcanzar los que se encuentran más alto. Coge uno y baja con un salto.

Su esposa se acerca a él y le acaricia con ternura la cabeza, pues el escritor ha hecho un esfuerzo, a pesar de su salud quebrantada a la fecha.

La señora Ceccarelli me ha advertido que Hesse padece de artritis y me ha recomendado no estrechar su mano con fuerza para no producirle dolor.

Hesse me extiende un libro bellísimo, impreso con su propia escritura manuscrita, en estilo gótico, e ilustrado por él mismo con acuarelas que expresan algo así como un estado paradisíaco. El librito se llama *Las Metamorfosis de Piktor* y se encuentra dentro de un estuche semejando una vieja caja china. Hesse escribe la siguiente dedicatoria en su primera página: "Para el huésped de Chile y de la India".

Bebemos un último vaso de vino. Me levanto para partir; pero Hesse me hace pasar al comedor de la casa, donde desea mostrarme un óleo que representa su ciudad natal, Calw. Hay allí un puente sobre un río; pienso que tal vez fue mirando sus aguas donde Hesse contempló por primera vez los peces de Goldmundo y de Siddharta y vio deslizarse esa corriente que, como los ríos sagrados de la India, se lo llevan todo hacia el gran mar.

Ahora Hesse se aproxima a un busto de piedra junto al muro. Es su propia cabeza hecha por una escultora amiga. Pone su mano sobre ella.

Le pregunto:

—¿Tiene importancia conocer si hay algo más allá de la vida?

—No, no tiene importancia… Morir será como un caer en el Inconsciente Colectivo de Jung para, desde ahí, alguna vez, retornar a la forma, a las formas…

Y Hesse acaricia su cabeza de piedra.

Las Metamorfosis de Piktor

Es de noche en la hostería del señor Ceccarelli. Con la ventana abierta sobre las colinas, casi a la luz de las estrellas, estoy leyendo el pequeño libro.

El joven Piktor ha entrado al Paraíso y se encuentra frente a un árbol que es a la vez hombre y mujer. Con veneración lo mira y le pregunta: "¿Eres acaso tú el Árbol de la Vida?" Pero cuando, en lugar del árbol, le responde la Serpiente, Piktor se vuelve para continuar su camino. Contempla todo con atención y todo le encanta en el Paraíso. Claramente presiente que se halla en el origen, en la fuente de la vida.

Ve otro árbol, que es ahora al mismo tiempo Sol y Luna. Y Piktor le pregunta: "¿Eres acaso tú el Árbol de la Vida?" El Sol lo confirmó riendo; la Luna, con una sonrisa.

Flores maravillosas le contemplaron, flores de variados colores, flores que tenían ojos y caras. Algunas reían ampliamente, otras casquivanas; algunas ni se movían ni reían, permanecían mudas, ebrias, hundidas en sí mismas, envueltas en su propio perfume, como sofocadas. Una flor le cantó la canción de las lilas; otra, una canción de cuna azul oscura. Una flor tenía los ojos como un zafiro duro; otra le recordó su primer amor; otra, el color del jardín de su niñez, la voz de su madre y su perfume. Esta se rió, aquella le sacó la lengua, una lengüita curva, rosada, que se le aproximó. Piktor extendió la suya para tocarla. Le encontró un sabor agrio y salvaje, a racimo y a miel y también como al beso de una mujer.

Aquí, entre todas estas flores, Piktor se sintió henchido de nostalgia y temeroso. Su corazón latió fuerte, como una campana, quemándose, tendiendo hacia algo desconocido.

Piktor vio ahora un pájaro reclinado en el pasto, refulgiendo de tal suerte que parecía poseer todos los colores. Y Piktor le preguntó:

—¡Oh pájaro! ¿Dónde se encuentra la felicidad?

—¿La felicidad? Se encuentra en todas partes: en la montaña y en el valle, en la flor y en el cristal.

El pájaro sacudió alegre sus plumas, movió el cuello, agitó la cola, guiñó un ojo y se quedó inmóvil sobre el pasto. Repentinamente se había transformado en una flor, las plumas eran hojas, las patas raíces. Piktor lo contempló maravillado.

Pero casi en seguida la flor-pájaro movió sus hojas; se había cansado de ser flor y ya no tenía más raíces. Proyectándose lánguidamente hacia arriba, se transformaba en mariposa, meciéndose sin peso, toda luz.

Piktor se maravillaba aún más. El alegre pájaro-flor-mariposa voló en círculos en torno de él, brillando como el sol; se deslizó hacia la tierra, y, como un copo de nieve, quedose allí, junto a los pies de Piktor. Respiró, tembló un poco con sus alas luminosas y, de inmediato, se transformó en cristal, de cuyos cantos irradiaba una luz rojiza. Maravillosamente brilló entre la hierba, como campanas que tocan para una fiesta.

Así brilló la joya.

Mas parecía ya que su fin se acercaba, que la tierra la atraía, y la piedra preciosa fue disminuyendo con rapidez, como si quisiera hundirse bajo la hierba.

Entonces Piktor, llevado por un deseo imperioso, tomó la jo-

Manuscrito de "Las Metamorfosis de Piktor", de Hermann Hesse,

B

Portadilla de "Las Metamorfosis de Piktor". Hermann Hesse ha escrito a mano en ella: "Para el huésped de Chile y de la India."

F

Ilustraciones de "Las metamorfosis de Piktor". Acuarelas de Hermann Hesse, en las cuales el color y los temas son como una visión de un Paraíso recuperado. (Id. págs. 35, 36 y 37.)

C. G. JUNG   KÜSNACHT-ZÜRICH

                          January 14th 1960

His Excellency
. Miguel Serrano, Ambassador of Chile
bajada de Chile
, Prithvaraj Road
w Delhi
        India

ar Sir,

ll you please excuse my long silence! Old age slows down
e tempo of all activities and finally I had to wait for a
ell of time, when I could retire from the vicinity of the tow
the quietness and silence of the country, where I can write
letter without disturbance.

ur MS is an extraordinary piece of work. It is dreams within
eams, highly poetic I should say and most unlike to the
ontaneous products of the unconscious I am used to, although
llknown archetypic figures are clearly discernible. The
tic genius has transformed the primordial material into
most musical shapes, as, on the other side, Schopenhauer un-
rstands Music as the movement of archetypic ideas. The chief
ulding and shaping factor seems to be a strong aesthetical
ndency. Consequently the effect on the reader captivates him
an increasing dream, in an ever extending space and an in-
more depth of time. On the other hand the personality has
nt plays no significant rôle, it even recedes into a misty
ckground yet alive with the wealth of colourful images.
e unconscious or whatever we designate by this name presents
self to you by its poetic aspect, which I envisage chiefly
om its scientific and philosophic - or perhaps more accurate -
om its religious aspect. The Unconscious is surely the
ameter, the Mother of All (scl. of all psychical life), being
e matrix, the background and foundation of all the differen-
ated phaenomena, we call psychical, religion, science, philo-
phy and art. It's experience - in whatever form it may be - is
approach to wholeness, the one experience absent in our
dern civilisation. It is the avenue and via regia to the Unus
ndus.

    My best wishes for the New Year!

                Sincerely yours

                    C. G. Jung

Carta del doctor Jung que sirviera de prólogo para "Las visitas de la Reina de Saba".

KÜSNACHT-ZÜRICH
SEESTRASSE 228

June 16, 1960

To His Excellency
Mr. Miguel Serrano, Ambassador of Chile
Embajade de Chile
23, Prithveraj Road
New Delhi

India

Dear Sir,

Thank you for your kind letter. I feel the pangs of bad conscience very vividly indeed, since I have not yet found the necessary time and leisure to answer your precious letter, I had the honour to receive quite a while ago. In cases like that I always have to wait for the kairos, the right moment of time, where I am able to give a proper reply. But lately I have been disturbed by so many things and, above all, importunate visitors, that the favourable occasion to answer has not presented itself. But I am carrying your letter with me with the firm intention to write as soon as it is possible and you shall get an answer in time.

Now as to your request, I am happy to say that I appreciate very much to see a letter included in your book.

May I draw your attention to an error in printing? The Greek name of the Mother of all is correctly written Pemeter and not Demeter.

I hear to my great regrets that you suffered from an accident, a parallel, as one might say, to the terrible disaster, that has befallen your country. We are reading with horror about the enormous destructions and the great loss of lives. It seems that Mother Earth is involved in a similar predicament as mankind, although the scientific mind does not sympathise with such coincidences.

I have not begun yet my summer-vacations. I am still trying to fight my way out of the submerging flood of work.

My best wishes to your speedy recovery!

Yours sincerely

C. G. Jung

H *Carta del doctor Jung que autoriza el prólogo para "Las Visitas de la Reina de Saba". En esta carta el doctor Jung también se refiere a los terremotos de Chile del año 1960 y al aparente "sincronismo" de la naturaleza con la mente humana.*

ya entre sus manos y la retuvo. Con fervor miró su luz mágica; traspasaba su corazón una añoranza por todas las venturas.

Fue en ese instante cuando de la rama de un árbol muerto se deslizó la Serpiente y le susurró al oído: "La joya se transforma en lo que tú quieras. Comunícale rápido tu deseo, antes de que sea tarde".

Piktor temió perder la oportunidad de alcanzar su felicidad. Con premura dijo la secreta palabra. Y se transformó en un árbol. Porque árbol era lo que Piktor siempre había añorado ser. Porque los árboles están llenos de calma, fuerza y dignidad.

Creció hundiendo sus raíces en la tierra y extendiendo su copa hacia el cielo. Hojas y ramas nuevas surgieron de su tronco. Era feliz con ello. Sus raíces sedientas absorbieron el agua de la tierra, mientras las hojas se mecían en el azul del cielo. Insectos vivían en su corteza y a sus pies se cobijaron las liebres y el puerco espín.

En el Paraíso, alrededor de él, la mayoría de los seres y las cosas se transformaban en la corriente hechizada de las metamorfosis. Vio fieras que se cambiaron en piedras preciosas o que partieron volando como pájaros radiantes. Junto a sí, varios árboles desaparecieron de improviso; se habían vuelto vertientes; uno se hizo cocodrilo, otro se fue nadando, lleno de gozo, transformado en pez. Nuevas formas, nuevos juegos. Elefantes transmutaron sus vestidos en rocas, jirafas se convirtieron en monstruosas flores.

Pero él, el Árbol-Piktor, siempre se quedó igual; no podía transformarse más.

Desde que se dio cuenta de ello, desapareció su felicidad, y, poco a poco, comenzó a envejecer, tomando el aspecto cansado, serio y ausente que se puede observar en muchos árboles antiguos.

También los caballos y los pájaros, también los seres humanos y todas aquellas creaturas que han perdido el don de la metamorfosis, se descomponen con el tiempo, pierden su belleza, se llenan de tristeza y preocupación.

Una vez, una niña muy joven se perdió en el Paraíso. Su pelo era rubio y su traje, azul. Cantando y bailando, llegó junto al Árbol-Piktor. Más de un mono inteligente se rió destemplado detrás de ella; más de un arbusto le rozó el cuerpo con sus ramas; más de un árbol le arrojó una flor o una manzana, sin que ella lo notase. Y cuando el Árbol-Piktor vio a la niña, fue presa de una desconocida nostalgia, de un inmenso deseo de felicidad. Sentía como si su propia sangre le gritara: "¡Reflexiona, recuerda hoy toda tu vida, descubre su sentido! Si no lo haces, será ya tarde y nunca más vendrá la felicidad".

Y Piktor obedeció. Recordó su pasado, sus años de hombre, su partida hacia el Paraíso y, en especial, aquel momento que precedió a su transformación en árbol, aquel maravilloso instante cuando aprisionara la joya mágica entre sus manos. En aquel entonces, como todas las metamorfosis le eran posibles, la vida latía poderosamente dentro de él. Se acordó del pájaro que había reído y del árbol Sol y Luna. Le pareció descubrir que entonces olvidó algo, dejó de hacer alguna cosa y que el consejo de la Serpiente le había sido fatal.

La niña escuchó el ulular de las hojas del Árbol-Piktor, moviéndose en marejadas. Miró a lo alto y sintió como un dolor en el corazón.

Pensamientos, deseos y sueños desconocidos se agitaron en su interior. Atraída por estas fuerzas, se sentó a la sombra de las ramas. Creyó intuir que el árbol era solitario y triste, al mismo tiempo que emocionante y noble en su total aislamiento. Embriagadora sonaba la canción de los murmullos en su copa. La niña se reclinó sobre el tronco áspero, sintió cómo se conmovía y un estremecimiento igual la recorrió. Sobre el cielo de su alma cruzaron nubes. Lentamente cayeron de sus ojos lágrimas pesadas. ¿Qué era esto? ¿Por qué había que sufrir? ¿Por qué el corazón deseaba hasta casi romper el pecho, tendiendo hacia un más allá, hacia aquel, el bello solitario?

El Árbol-Piktor tembló hasta sus raíces; con vehemencia acumuló todas las fuerzas de su vida, dirigiéndolas hacia la niña en un deseo de unirse a ella para siempre. ¡Ay, que se había dejado engañar por la Serpiente y era ahora sólo un árbol! ¡Qué ciego y necio había sido! ¿Tan extraño para él fue el secreto de la vida? ¡No, porque algo había presentido oscuramente entonces! Y con enorme tristeza recordó al árbol que era hombre y mujer.

Entonces un pájaro se aproximó volando en círculos, un pájaro rojo y verde. La niña lo vio llegar. Algo cayó de su pico. Luminoso como un rayo, rojo como la sangre o como una brasa, precipitándose en la hierba, iluminándola. La niña se inclinó para recogerlo. Era un carbúnculo, una piedra preciosa.

Apenas tomó la piedra en sus manos, cumpliose el deseo del cual su corazón hallábase colmado. Extasiada, fundiose e hízose una con el árbol, transformándose en una fuerte rama nueva, que creció con rapidez hacia los cielos.

Ahora todo era perfecto y el mundo estaba en orden. Únicamente en este instante se había hallado el Paraíso. Piktor ya no era más un árbol viejo y preocupado. Y Piktor cantó fuerte, en voz alta: "¡Piktoria! ¡Victoria!" Se había transformado, pero alcanzando la verdad en la eterna metamorfosis; porque de un medio se había cambiado en un entero.

De ahora en adelante podría transformarse tanto como lo deseara.

Para siempre deslizose por su sangre la corriente hechizada

de la Creación, tomando así parte, eternamente, en la creación que a cada instante se renueva. Fue venado, pez, hombre y serpiente, nube y pájaro; pero en cada forma se hallaba entero, en cada imagen era una pareja, dentro de sí tenía al Sol y a la Luna, era hombre y era mujer. Como río gemelo deslizábase por los países; como estrella doble, en el alto cielo.

A medida que en esa noche suave de Montagnola terminaba la lectura de este libro y observaba sus dibujos, cuyos colores reflejan realmente un estado de retorno al comienzo de las cosas, meditaba en una frase que el mismo Hesse escribiera antaño: "A algunos hombres, a una avanzada edad, les es dada la gracia de volver a experimentar esos estados paradisíacos de la niñez".

Sólo así podría explicarse la atmósfera de estos dibujos, de ese relato ingenuo, y, al mismo tiempo, profundo. Era realmente una visión del Paraíso recuperado.

Y a la vez que me embriagaba con el perfume de las magnolias abiertas en el jardín de esa hospedería de montaña y con ese otro perfume del Paraíso, volvía a ver, con una nitidez de insomnio, la mano de Hermann Hesse sobre su propio busto de piedra y escuchaba sus palabras, en consonancia con la historia recién leída: "Volveremos a la forma, a las formas..."

La Mañana

Me levanté temprano y salí al jardín para contemplar desde lo alto el lago de Lugano, iluminado por los primeros rayos del sol. Despacio, marché por las callejas angostas hasta encontrarme nuevamente junto a la antigua casona de Hesse. Los plátanos oscuros extendían sus muñones limpios de hojas.

Ya entrada la mañana, me encaminé por el sendero que cruza frente a la villa, ocupada en ese entonces por el escritor. Con sorpresa descubrí que Hesse se encontraba en el huerto, junto a la empalizada, cubierto con un sombrero de anchas alas y haciendo fuego con la hierba. También él me vio y se dirigió a abrir la puerta de la verja.

—Buen día –dijo, extendiéndome la mano.

Le respondí mostrándole el libro *Las Metamorfosis de Piktor*, que portaba conmigo. Lo tomó y me estuvo señalando sus dibujos, riendo como un niño.

—Son maravillosos –exclamé.

—Son cristales, pájaros, mariposas, todo ello por sólo un instante, como en la Creación.

—¿Y Piktor? –pregunté.

—Piktor los contiene, él es todo eso y también es más...

—Es el río de Siddharta –dije–, el río eterno de las formas, Maya.

—Y también el Lobo Estepario –agregó Hesse–. Hay quienes no pueden comprender que yo haya escrito *Siddharta* y a la vez *El Lobo Estepario*... Sin embargo, se complementan, son los dos polos de la vida entre los cuales nos movemos los hombres...

Luego Hesse hizo una pausa. Me devolvió *Las Metamorfosis de Piktor* y exclamó como para sí mismo: —Ayer, cuando usted me visitó, era el cumpleaños de mi hijo. Cumplía cincuenta años...

Así terminó nuestro encuentro.

Partí siguiendo el sendero ascendente. Llegué a un claro en el monte y me dejé caer en la hierba reseca, junto a los árboles. Tomé las hojas entre mis manos y busqué, tratando de encontrar allí la piedra de las metamorfosis. Pero no la hallé.

Volví por el mismo camino. Hermann Hesse aún se encontraba en su jardín quemando hierbas. Envuelto en el humo, parecía el oficiante de un rito antiguo. Me senté sobre una roca. Él no me podía ver ahora y estuve así, observándole largo rato. De lo alto de la casa, comenzó a descender una persona y, a medida que se acercaba, reconocí a su esposa. Portaba a la espalda un canasto y se alisaba con coquetería el cabello cano. Comprendí que este gesto estaba destinado a agradar a Hesse y sentí casi vergüenza de haberla sorprendido. Era emocionante pensar que aquella mujer madura deseaba verse bella para el hombre de ochenta años. La unión entre ellos debía ser profundamente espiritual y tierna. Me levanté para alejarme. Alcancé a ver aún cómo ascendían juntos por los senderos del huerto; ella iba adelante y él atrás, recogiendo las malezas para depositarlas dentro del canasto. Me imaginé que así habrían vivido los sabios chinos de la antigüedad. En verdad, Hesse se parecía a un maestro chino y también a un árbol sabio.

Al pasar frente a la casa, él me vio otra vez. Se volvió, y sacándose el sombrero de anchas alas lo agitó en un movimiento de adiós.

El Maestro Dyu-Dschi

Regresé a Montagnola para llevar a Hesse uno de los primeros ejemplares de mi libro *Las Visitas de la Reina de Saba*, escrito en la India y prologado por el doctor Jung.

Fue el domingo 22 de enero de 1961. Era el invierno europeo. La nieve cubría ahora el pueblecito. Como siempre, fui primero a contemplar la vieja casona y vi los plátanos envueltos en albos mantos, con sus muñones helados. Penetré por el pasillo hasta la terraza que conduce al huerto y todo estaba allí oculto por la nieve. Era imposible ahora rememorar la primavera del Tesino.

Despacio, me encaminé hacia la colina en donde se hallaba la casa de Hesse.

Marchaba con dificultad por el sendero empinado, cuando oí el ruido de un motor de automóvil. Me hice a un lado para dejarlo pasar, pero el auto se detuvo, y, a través de los vidrios empañados por el hielo, una mano me hizo señas. Era Hesse. Su esposa conducía. La portezuela del auto se abrió para que yo subiera.

—Vengo de la ciudad –dijo Hesse–; he ido a comprar esto para usted.

Y me extendió un ejemplar del "Neue Züricher Zeitung". En el suplemento dominical se publicaba un poema suyo.

—Con este poema responderé a todas las consultas que pueda hacerme hoy –agregó.

Llegamos casi inmediatamente a su casa y pasamos a la sala conocida.

Hesse y yo nos sentamos. Se veía un poco más delgado que hacía dos años. Tomó el periódico y comenzó a leer el poema.

EL DEDO LEVANTADO

El Maestro Dyu-Dschi era –tal como nos relatan–
de maneras calladas, suave y tan modesto
que renunció a las palabras y enseñanzas
porque palabra es apariencia
y evitar cualquier apariencia
era su preocupación.

Cuando alumnos, monjes y novicios
gustaban de lucirse en nobles charlas,
con juegos del espíritu, sobre el supremo anhelo,
sobre el porqué del mundo, él observaba silencioso,
cuidándose de cualquier exageración.

Y cuando se le acercaban a preguntarle,
vanidosos o serios,
por el sentido de las escrituras antiguas,
por el nombre del Buda, por la iluminación,
por el principio o el fin del mundo, permanecía
en silencio, y, despaciosamente, tan sólo señalaba
con el dedo hacia lo alto.

Y con esta señal muda, convincente,
se fue haciendo cada vez más tierno:
advirtió, enseñó, alabó, castigó, mostró

en forma tan propia el corazón del mundo
y de la verdad que, con los años,
más de un discípulo entendió el suave
levantamiento de su dedo,
despertó y se estremeció[1].

Veía a Hesse con su dedo en alto y me quedé en silencio contemplando los copos de nieve que suavemente caían junto a los ventanales. Fue él quien de nuevo habló:

—Las palabras son una máscara que raramente expresan en forma correcta lo que está detrás; más bien lo encubren. La inteligencia no es lo que importa, sino la fantasía. Quienes son capaces de vivir en la fantasía no necesitan de la religión. Es con la fantasía como se puede comprender que el hombre retorna al Universo. Le repito ahora que no importa saber si hay algo más allá de esta vida. Lo que cuenta es haber cumplido con el trabajo justo. De este modo, todo estará bien. El Universo, para mí, significa lo que Dios para otros. El Universo, la Naturaleza. No hay que sentirlos como a enemigos, sino como a una madre y entregarse a la Naturaleza apaciblemente, con amor. Entonces se sabe, se siente, que uno retorna al Universo, como todas las cosas, como los animales, como las plantas. Somos únicamente partes infinitesimales del Todo, del Universo. Es absurdo rebelarse. Hay que entregarse a la gran corriente, como a una madre...

—¿Y la *persona*? –pregunto–. Ella se resiste. En Oriente no se encuentra la *persona* tal como la concibe el cristianismo. La *persona* es un producto del cristianismo, tal como el amor, subpro-

---

1- La publicación de los poemas de Hesse y la reproducción de sus pinturas y cartas se hacen con la autorización de su esposa, Ninon de Hesse.

ducto de la *persona*. Sin *persona* no hay amor; por lo menos, no hay *locura de amor*.

Hesse acepta que la *persona* es un producto del Occidente cristiano.

Continúo:

—También la belleza, el concepto de la belleza individualiza-da, es un producto de la persona. La belleza del gesto, de la actitud de una vida personal, lo es, como lo son las calles, las plazas, las catedrales y las ciudades del Occidente. La Naturaleza también es bella, pero de manera distinta. Los templos y monumentos de Oriente son bellos, pero como pueden serlo una cascada o una selva, de un modo impersonal. Conozco algunos Swamis que se han quedado fríos ante la belleza de Florencia. Es que para Oriente la *persona* aún no adviene, lo personal aún no se comprende, tampoco el amor en el sentido cristiano-occidental. No es esta una crítica, por supuesto, y si lo fuere, podría aplicarse en cierta manera al Occidente, ya que nadie sabe si la *persona* no es más bien una enfermedad, o el mal en sí mismo...

Me detengo y pienso en lo que Hesse me dijera una vez sobre su libro *Siddharta* y cómo este entró a la India sólo después de veinte años de su publicación. Aún hoy es un libro que los hindúes ortodoxos considerarán como "postizo", producto de una lucubración cristiano-occidental sobre verdades de Oriente. El drama de *Siddharta* es el drama de un alma individualizada, la búsqueda de una salida para la *persona*; *y los* actos de conciencia que Siddharta ejecuta en la mitad y al final de su vida son resultados de la presencia constante de la razón.

—Es curioso –digo– ver cómo los hindúes siguen girando en torno a sus Vedas, a su Bhagavat Guita. No se crea nada nuevo. Hasta los pintores abstractos de hoy terminan interpretando el Ramayana.

—Pero eso yo lo considero bueno; allí está la fuerza del hinduismo. Se sigue por una sola línea; es la *concentración*, opuesta a la *dispersión*. No se olvide: el que mucho abarca... Por otra parte, si los hindúes leen poco, débese a que los ingleses no les hicieron llegar traducciones del pensamiento europeo y universal. Creo ver en lo que usted dice un deseo oculto de defensa del Occidente y esto porque el Occidente es el que pierde hoy y el Oriente se levanta otra vez. Es imposible no sentir simpatía por los débiles...

—No –digo–; no es así. ¿Por qué debería serlo? No siento simpatías por el Occidente; al menos no mayores que por el Oriente. No pertenezco ni a uno ni a otro y, como sudamericano, estoy más bien entre ambos...

Hesse levanta un dedo, como el Maestro Dyu-Dschi...

—No se olvide –exclama–, la máscara de las palabras...

Entra la señora Hesse para invitarnos a pasar al comedor.

El comedor se encuentra lleno de luz. Sobre el muro cuelga la pintura de Calw, la ciudad natal del escritor.

Se encuentra también invitada la señora Elsy Bodmer, viuda del dueño de esta casa, el amigo de Hesse.

Hesse me explica que el almuerzo será al estilo hindú.

—Cuando niño, en nuestra casa de Calw, siempre se servía *curry* los domingos y comían con nosotros niños, de las colonias. Mi abuelo y mi padre estuvieron en la India. De mi abuelo y de mi madre aprendí a amar a Krishna.

Hesse sirve el vino rojo del Tesino y me invita a brindar. Un rayo de sol frío da en el cristal de los vasos, creando una alquimia de colores matinales. Dejo que mis manos reposen sobre la mesa y contemplo con serenidad. En el otro extremo se halla Hesse, aún con el vaso en alto, nimbado por la luz blanca del invierno, con sus ojos muy azules, como en meditación.

—¿Por qué estoy aquí? –digo, empujando las palabras con lentitud hacia Hesse–. ¿Por qué tengo la suerte de hallarme en su casa, comiendo con usted, venido de tan lejos?

Hesse mantiene su hieratismo y, sin salir de la luz invernal que lo envuelve, responde:

—Nada sucede por casualidad, aquí sólo están los huéspedes justos; este es el Círculo Hermético...

Comprendo que esta vez las palabras han atravesado la cáscara, han tocado un centro o han sido extraídas de esa zona a donde sólo los símbolos alcanzan.

Hesse les daba ahora un sentido a mis peregrinaciones y retornos, hablándome como Siddharta lo hiciera una vez a Govinda.

Permanecí callado, pues me pareció como que, dentro de la luz, el Maestro Dyu-Dshi repetía su gesto.

Una Carta

De regreso a la India le envié a Hesse la siguiente carta:

"Querido señor Hesse:

Deseo agradecerle aquel domingo y el privilegio de pertenecer al Círculo Hermético, lo que es igual que ser miembro de la Orden del Viaje a Oriente. En verdad, me siento miembro de esa Orden sin espacio y sin tiempo, y así se lo decía al doctor Jung en Kusnacht, cuando le refería sus palabras sobre los 'huéspedes justos'. Tal vez sea por esto mismo que él ha escrito un prólogo a mi libro, porque él es también uno de los Maestros del Viaje a Oriente. Trato únicamente de continuar este *viaje*, siendo sólo un puente relacionador (en este caso, entre América del Sur, Europa y Asia), tal como me lo revelara el *I Ching* el otro día.

De regreso aquí, he vuelto a leer su poema sobre el Maestro Dyu-Dschi y comprendo bien su sentido. Usted dijo que las palabras eran una máscara. Es verdad; pero también es cierto que debajo del diálogo de las palabras hay otro diálogo, de aguas profundas, y este es el que importa y es este al que hay que atender. Es desde allí de donde se prepara la Fiesta de Bremgarten[1].

Al profesor Jung le di los saludos del Lobo Estepario. Sonrió y me preguntó por usted. Conversamos de muchas cosas y también él pudo hacer el gesto del Maestro Dyu-Dschi..."

1- Fiesta espiritual del libro de Hesse *Viaje al Oriente*.

El Último Encuentro

El libro de Hesse *Viaje al Oriente* es la historia de una fiesta que el autor se brinda a sí mismo, a sus personajes, sus ídolos y sus mitos. Una fiesta con su propia alma, que acontece tal vez en la mitad de su vida, en medio de una búsqueda o de una peregrinación hacia el Oriente (de donde viene la luz), formando parte de una orden de peregrinos, que son los Peregrinos de Oriente. La búsqueda se extiende por montañas y valles, tal vez en los Alpes, pero es más seguro que se verifique en los vericuetos y paisajes interiores del alma del propio autor. Oriente es la patria del alma, la juventud de la luz. Los peregrinos buscaban cosas imposibles. Alguien pretendía hallar la Serpiente Kundalini; Hesse buscaba a la Princesa Fátima. Entre los peregrinos se hallaba uno de nombre Leo, el Servidor, el que ayudaba a los demás. La gran fiesta de los símbolos se realiza en Bremgarten y hay luces, glorias y recuerdos. Allí todos se encuentran presentes: se halla don Quijote, de seguro Hölderlin, el amado de Hesse; Hoffmann, Enrique de Ofterdingen, y también sus personajes, el Lobo Estepario, Demian, Pablo el músico, Klingsor el pintor, Narciso, Goldmundo, Siddharta y Govinda, todos aquellos en los cuales Hesse se reencarna en su larga vida.

Pero algo acontece, algo trágico. Leo el Servidor se ha perdido, les ha abandonado y ya el Viaje al Oriente queda interrumpido. Los amigos se dispersan, la Orden se agrieta. ¿Quién es Leo que, con su sola desaparición produce esta catástrofe? Hesse no le volverá a ver hasta muy entrado en su vida. Leo reaparece en su obra tal vez como Josef Knecht, el Gran Maestro de *El Juego de Abalorios* (libro que Hesse dedicara a los Peregrinos de Oriente), ese Papa de una orden laica. Knecht quiere decir "servidor" en alemán.

El libro *Viaje al Oriente* termina con un extraño símbolo, el encuentro con una figurita en un archivo mágico. Esta figura es el Andrógino, Ardhanarisvara. Pero antes se ha debido pasar por varias pruebas, entre ellas la del perro Necker y el reencuentro con Leo, el Servidor.

De la obra de Hesse, el *Viaje al Oriente* es la más hermética. Nunca he tratado de interpretarla, sino de sentirla en su belleza sutil, especialmente en su primera parte.

En mi última entrevista con Hesse, le pregunté sobre el *Viaje al Oriente*, sobre Leo y sobre el perro Necker.

Era el sábado 6 de mayo de 1961. No había dejado pasar mucho tiempo sin volver a visitarle. Llevaba conmigo dos cajitas de plata labrada, de Cachemira, engastadas con turquesas. Una era para él; la otra, para el profesor Jung.

—Vengo de Florencia –le digo–; he ido únicamente para ver, en la Galleria Uffizi, el cuadro de Leonardo "La Anunciación". He permanecido cerca de una hora contemplándolo.

—¿Por qué se interesa especialmente en el cuadro?

—Voy a tratar de explicarme. En Leonardo hay *algo* como en la obra de usted, un mensaje a percibir, sin descifrar, como en el *Viaje al Oriente*, por ejemplo... "La Anunciación" está envuelta en vibraciones. Las alas del ángel tiemblan en el aire, especialmente los dedos de su mano derecha, haciendo la *señal*. Desde esos dedos algo se transmite a la joven Virgen y al resto de los mortales, pero la admonición hipnótica está siendo dada con la mirada. Casi me atrevería a decir que el Ángel terrible hace entrega de Cristo a la Virgen con la mirada; se lo traspasa, la preña. Ella, asustada, infantil, recibe el mensaje y la admonición en su dulce mano izquierda, mientras apoya la derecha sobre los textos, las profecías y el Destino. Así ella dice: *Estaba escrito*. Pero esto último es sólo un virtuosismo de Leonardo para conformar a la Curia, me atrevería a decir. La verdad es que la Virgen está sorprendida y lo acepta todo sólo porque ha sido hipnotizada, poseída por el Ángel y ya no será nunca más ella misma... Al fondo del cuadro aparece ese paisaje leonardesco de sueño, de Inconsciente, desde donde todo viene, el misterio, el Destino, Cristo y el mismo Ángel...

Hesse ha escuchado con atención.

—Leonardo fue un genio universal y su pintura es mágica –dice–. La mayoría sólo comprende lo que palpa con los sentidos, pero no lo que está detrás, que es lo inalcanzable. La magia, el arte mágico, expresa esto... Hay también otro tipo de arte, el evocativo...

—*Demian* y su *Viaje al Oriente* se encuentran en la línea mágica... A propósito, ¿quién es Leo?

Hesse mira por la ventana abierta, a través de la cual entra un gato ronroneando. Pasa la mano por el lomo del gato y dice:

—Leo es alguien que puede conversar con los animales..., con el perro Necker, por ejemplo... Un amigo mío tuvo un perro que debió regalar. Se lo llevaron a cincuenta kilómetros de su casa. El perro se escapó y volvió, encontrando el camino, la huella... Esto es también mágico...

—Tuve un perro en la Antártida, hace muchos años –le digo–, lo perdí entre los hielos. Volviendo a Leonardo, ¿quién cree usted que puede acercársele en la música? ¿Cuál es el músico mágico?

48

—Bach –responde Hesse–, especialmente en su "Misa" y en las "Pasiones" según San Mateo y según San Juan. Son obras mágicas. Cada vez que podía, viajaba a Zurich cuando allí ejecutaban estas obras.

—Sí, hay en Bach, y especialmente en su "Misa", una repetición o nuevas elaboraciones de los motivos usados por él a lo largo de toda una vida. Vuelve sobre sus propios mitos, sobre las leyendas de su vida y de su obra, como lo hiciera Leonardo y como hoy lo hace usted... Eso es magia...

Hesse se levanta y se aproxima a su biblioteca.

—¿Ha escrito algo después de *El Juego de Abalorios*? –le pregunto.

—Evocaciones. También la labor del poeta es evocar, revivir el pasado, lo efímero... Es esta una parte de la labor del poeta.

Me muesta en seguida una traducción al italiano de algunas páginas suyas.

—Al fin los italianos me traducen. ¡Y pensar que vivo en la parte italiana de Suiza! En cambio, la editorial española Aguilar está ya publicando mis obras completas. Le ruego que las vea y me diga si son fieles. También en Alemania estamos en plena invasión de traducciones de la lengua española.

Y Hesse me extiende una edición alemana del escritor venezolano Rómulo Gallegos.

Antes de partir, esa tarde, conversamos de algunos escritores. Le consulto si conoció a Rilke.

—No lo conocí –dice–. A propósito de traducciones, creo que Rilke se comprende mejor traducido.

—¿Y a Keyserling lo conoció?

—Sí, era un hombre extraordinario, inmenso, poderoso, capaz de bramar como un toro.

Y Hesse intenta imitar un bramido.

—Y Gustav Meyrink, ¿cómo era?

—Conocí bien a Meyrink. Se interesó seriamente por la magia y la practicó. En los momentos de mayor peligro, podía concentrarse sobre el corazón, manteniendo una calma inalterable. Era un hombre dotado de un agudo sentido del humor. Una vez, en medio de una sesión de espiritismo, justo cuando debía aparecer el visitante del más allá, Meyrink encendió un fósforo para verle, con lo cual todo terminó, por supuesto. Meyrink estuvo vacilando entre las fronteras de la magia blanca y de la negra.

Al despedirme esa tarde, la señora Hesse me invita a almorzar para el día siguiente.

Domingo 7 de Mayo de 1961

Llego temprano el domingo, y, en la misma sala, continuamos la conversación de la tarde anterior.

—Koestler ha escrito un libro sobre Oriente, India y Japón: *El Loto y el Robot*. Ataca duramente a Suzuki.

—Puede estar seguro de que Suzuki no perderá el sueño por eso. No se deja tocar...

No dejarse *tocar*. Recuerdo una historia que se cuenta de Jesús. Iba por las callejas de Jerusalén, se dirigía a curar a una enferma; deteniéndose de pronto, exclamó: "¿Quién me ha *tocado* el manto, que he perdido la facultad de curar?"

—Estuve con Koestler en la India cuando andaba en busca de motivos para su libro. Le invité a cenar en mi casa de Nueva Delhi y luego fuimos a ver a una mística sufí, la Hermana Raihana. Leía el pasado en el dorso de las manos. Le dijo a Koestler que en su encarnación anterior había sido capellán de Ejército.

—¿Está usted escribiendo algo en la actualidad? –me pregunta Hesse.

—Hace cinco años que avanzo en una obra con mis experiencias de la India, una búsqueda entre dos mundos. Tal vez no debiera escribirla.

—¿Ha pensado en el título?

—Sí, se me apareció este contemplando las ruinas de Angkor, en Camboya. El sendero que lleva a los grandes templos se encuentra flanqueado por cordones de serpientes de piedra. También lo está el camino que lleva a la liberación. La Serpiente Kundalini, la que se busca en su *Viaje al Oriente*, se envuelve en la base de la columna vertebral, la cual deberá ser el Arbol del Paraíso. La verdad es que mi libro tratará de la Serpiente y del Árbol. Se titulará, por ello, *La Serpiente del Paraíso*. Y es un viaje simbólico, subjetivo, como el suyo al Oriente... Me he interesado en especial por la yoga, esa ciencia que trata de Kundalini, la Serpiente...

Hesse dice:

—Kundalini es el conocimiento. La yoga trata de levantar lo animal a un plano superior; como la alquimia, sublima. Es una técnica antigua, arcaica.

—¿Ha practicado usted yoga? –pregunto.

—Únicamente la yoga de la respiración, hace tiempo, pero siguiendo más el camino de la yoga china que la hindú. Es muy difícil y hasta peligroso marchar por estas rutas en Occidente, donde no existe un clima apropiado para prácticas que necesitan de una soledad completa y un medio como el que únicamente se encuentra en la India. Aquí estamos demasiado presos de la actualidad. Sólo en la India se puede practicar la verdadera yoga.

No estoy seguro de cuanto Hesse me dice. En Montagnola él ha vivido en un retiro casi completo, en cumbres y bellas soledades. Yo he practicado la concentración en las montañas de los Andes, y aun en hoteles y calles de ciudades populares.

—La mente –digo– es como una radio: emite y recibe, en cualquier lugar que se encuentre, en las cumbres o en las profundidades. También hay una mente colectiva que recibe esas ondas. No creo que la acción exterior, social, o el contacto físico sean imprescindibles para producir los efectos que se desea; por el contrario... En Benarés, la ciudad santa, un puñado de brahmanes solitarios están concentrados, repitiendo fórmulas mágicas, antiguos mantras para afianzar la paz en el mundo... Tal vez puedan más que las Naciones Unidas... Sí, la mente es como una radio...

Hesse dice:

—Todo es más complicado, más sutil. Sólo en la India existe hoy un medio práctico y sabio para esa clase de vida. Aquí, entre nosotros, únicamente en algunos conventos católicos... Tal vez ahí se podría vivirla; pero yo me encuentro en otra línea...

—¿En los conventos benedictinos?

Hesse mueve la cabeza afirmativamente.

—¿Y qué pasará en el futuro con los viajes interplanetarios, con los cohetes espaciales, los sputniks y la supertécnica? ¿Podrá el hombre continuar preocupándose de los problemas del espíritu y de la salvación?

—¡Ah! –exclama Hesse–. ¡En cincuenta años la Tierra será un cementerio de máquinas, y el interior del hombre espacial, de los choferes de los sputniks, será la cabina de su propio vehículo!

El almuerzo está servido. Pasamos al comedor. Se encuentra también allí una hija de Hugo Ball, el primer biógrafo de Hesse y autor de *El Cristianismo Bizantino*. Hesse mantuvo con la madre de la invitada una correspondencia muy interesante, la cual se ha publicado en un bello volumen.

Contemplo otra vez la pintura de Calw –la pequeña ciudad, el viejo puente, el río–, y me hago el propósito de visitar algún día esta ciudad alemana sobre la que Hesse ha escrito hermosas páginas. Hesse regresa cada vez más a las emociones de sus años juveniles (porque "a algunos elegidos les está dado volver a experimentar en sus más avanzados años esas emociones cercanas al Paraíso que se tuvieron en la infancia").

La señora Hesse dice:

—Siempre me han gustado las serpientes.

Al fondo, al otro extremo de la mesa, hierático, destacándose contra su propio busto de piedra, está Hermann Hesse. Su sonrisa de anciano-niño, retornado al Paraíso, fue ganada en la lucha leal con su propia alma y en el amor arrebatado por la Naturaleza. Levanta una copa llena de vino rojo del Tesino y dice en español:

—¡Salud!

Es esta la postrera imagen que de él conservo.

Los Últimos Mensajes

Después de la entrevista con Hesse, fui a casa del profesor Jung. Se encontraba muy enfermo y también fue esa mi última entrevista con él. Recibí la noticia de su fallecimiento, en Nueva Delhi. Profundamente conmovido, le escribí a Hermann Hesse la siguiente carta:

"Nueva Delhi, 8 de diciembre de 1961.

Querido señor Hesse:

Cuando partí de Lugano, fui a ver al doctor Jung. Me recibió en su cuarto de trabajo, junto a una ventana que daba al lago. Una luz especial lo envolvía, luz de atardecer. Estaba sentado y vestido con una bata ceremonial japonesa, semejando un monje zen o un antiguo mago.

El doctor Jung se encontraba muy cansado en esos días, pues había trabajado intensamente en un artículo de ochenta páginas manuscritas para una publicación americana, titulado *El Hombre y sus Mitos*, el que deberá aparecer, según creo, el próximo año.

Algo me hizo sentir que aquella era una despedida. Una dulce y profunda despedida.

Ahora pienso en el doctor Jung en este día y todo el tiempo que pueda.

Es el misterio del 'Círculo Hermético'. ¿Nos habremos encontrado en otras vidas? ¿Por qué ustedes han sido tan gentiles conmigo? ¿Habremos caminado juntos, antes, por otros senderos? ¿Volveremos a encontrarnos? ¿Cuándo? ¿Dónde?

Pienso en el doctor Jung, esa enorme alma, y en usted. Y en la relación que para mí existe entre usted, él y yo. Cada vez que lo visitaba a usted, iba también a verlo a él. Le llevé sus saludos, hace muy poco.

Con todo afecto, suyo".

Con fecha 29 de julio de 1961, el periódico suizo "Neue Züricher Zeitung" publicó una edición especial de homenaje al doctor Jung. Envié una crónica titulada *Mi Último Encuentro con el Doctor Jung* que sería luego publicada en español, en diferentes revistas, y en inglés, en la India. El periódico suizo la incluyó en su edición. Pero mi gran sorpresa fue encontrar publicada, en la misma página en que apareció mi crónica, la carta que escribí a Hermann Hesse. La explicación me la dio él mismo, en la siguiente carta:

"Querido amigo:

Con Jung, yo también he perdido algo irreparable. Recientemente ha muerto, a la edad de noventa y cuatro años, el más antiguo de mis amigos, el artista Kuno Amiet. Pienso que ahora ya sólo me quedan amigos que son más jóvenes que yo.

Debo confesarle algo: sabía que el 'Neue Züricher Zeitung' estaba preparando una página en memoria de Jung. No encontrándome bien, me fue imposible escribir algo yo mismo y me tomé la libertad de enviar su carta escrita con ocasión

de la muerte de Jung. He asumido la responsabilidad de ello
y espero que no le parecerá mal...

Hermann Hesse"

De este modo y con ocasión de la muerte de uno de los Peregrinos de Oriente, el más grande quizás, se cumplía este gesto simbólico. El Maestro de Montagnola había movido delicadamente su mano para levantar apenas el velo del misterio.

Mi Partida de la India

Después de una permanencia en la India, de casi diez años llegó el momento de partir.

Viví sumergido en esa cultura y mundo dionisíacos, palpé sus esencias con ambas manos, me disolví en esa atmósfera imantada en que el tiempo es un río infinito, cósmico, que arrastra las hojas efímeras y ahoga todo lo perecedero, también la *persona*, delicada flor del cristianismo, del Occidente fáustico y extravertido.

Sin embargo, tras alcanzar el fondo de las aguas profundas, por ley de inercia me encontré un día, naturalmente, en la superficie, pudiendo descubrir que yo era distinto, que aun después de vivir como un hindú, en realidad no lo era; tampoco era un occidental. Ahora estaba entre dos mundos. Es este el drama del sudamericano, que sólo podrá participar de un modo relativo de ambos universos, de Oriente y de Occidente, pero que se esfuerza en descubrirse a sí mismo en su deambular.

Mi Gobierno me nombró Embajador en Yugoslavia. Chile mantiene una tradición que favorece a los escritores y también a los buscadores, a los peregrinos.

Por aquellos días escribí a Hermann Hesse, diciéndole: "Ahora estaré físicamente más cerca de usted".

¿Más cerca? El escritor caminaba ya a su fin.

Antes de establecerme en Belgrado, pasé por España. Allí

busqué la edición de Aguilar de las *Obras Completas* de Hesse, con el objeto de poder informarle sobre la traducción. Viajaba con mi hijo mayor. Pasamos por el lago de Garda, en Italia, en las vecindades de Montagnola. Mi hijo, que desde pequeño había oído hablar de Hermann Hesse, deseaba conocerle. Algo sucedió para impedirnos cumplir el deseo.

Ya en Belgrado, me encontraba buscando un periódico que estuviera escrito en otra lengua que no fuera la local, incomprensible para mí. Encontré "The Times", de Londres; un número atrasado. Y ahí, junto con la fotografía de Hermann Hesse, aparecía la noticia de su muerte.

Sentí una honda tristeza. Su recuerdo me había perseguido las últimas semanas. Todo ese día y el siguiente permanecí en mi casa, meditando, concentrado en la imagen del amigo muerto.

Poco después, mi hijo debió partir. Le acompañé hasta Zurich y juntos hicimos la última peregrinación a Montagnola para visitar a la viuda de Hesse.

De nuevo Montagnola, quizás por última vez. Y el "Albergo Bellavista" del señor Ceccarelli. Enseñé a mi hijo la antigua casona y de allí marchamos a la casa que el poeta habitara hasta su fin. Ninon de Hesse nos recibió en la biblioteca. Vestía de negro y en su rostro se adivinaba la concentración profunda de todo su ser. Esta mujer hermosa, de una extraña sonrisa, se hallaba ahora destrozada. Una vida de muchos años, de estudios, de cuidados, de arte, de música y de naturaleza, en compañía de Hesse, llegaba también a su fin.

Nos sentamos junto a un largo silencio. Ella lo interrumpió:

—Cuando usted llegó aquí por primera vez, hace años, yo había sido picada por una abeja y no estuve presente en su entrevista con Hesse. Él me dijo después: "Hoy ha venido alguien a quien conozco y que es mi amigo, un joven de Chile..." Hesse le estimaba mucho. Una relación buena, profunda, ha existido entre ustedes...

—No sabe cuánto siento no haber venido una semana antes mi hijo deseaba conocer a Hermann Hesse...

—Su muerte fue repentina. Y es mejor que haya sido así. Estaba muy enfermo, desde hacía seis años padecía de leucemia. Él no lo sabía; pero a veces su exaltación frente a la Naturaleza frente al crepúsculo o a una noche de luna, hacía ver que era la vida que se despedía de la Vida... Había en él como un presentimiento, un instinto de que se acercaba el final. Trabajaba desde hacía varios días en un poema. Sólo la noche de su muerte lo terminó. Y me lo dejó sobre la cama. Lo encontré allí. Al amanecer cuando entré a su cuarto, estaba muerto. Murió durante el sueño. Su poema está dedicado a un árbol viejo que no sabe si alcanzará a ver la próxima estación...

Y Ninon de Hesse me regala una copia del poema.

La señora Elsy Bodmer, que ha venido a acompañar durante el día a la señora Hesse, entró en la sala. Se sienta junto a ella sin decir palabra. Por la ventana se asoma el gato. La señora Hesse lo mira con ojos penetrantes.

—Busca a Hermann por la casa –dice–; le busca día y noche. Como yo, siente aquí su presencia... ¿Sabe usted? Algo hermoso ha sucedido. Por una casualidad, aunque puede que no lo sea, a la muerte de Hesse se encontraba de vacaciones en Suiza, en Sels Engadin, su amigo de la infancia, el pastor Voelter. Solían discutir largamente sobre Lutero, a quien Hesse no amaba. Voelter vino a Montagnola al entierro de Hermann y pronunció el sermón junto a su tumba. Era impresionante contemplar allí a esa figura alta y magra cumpliendo un rito para el cual estaba predestinado por una larga vida de unión en la amistad.

Ninon de Hesse no sabía entonces si permanecería en Monagnola, en la casa solitaria, acompañada nada más que por su antigua cocinera y por el gato entristecido.

Posando su mirada en los anaqueles cubiertos de libros, señaló un dibujo en colores: un pájaro que emprendía el vuelo hacia la altura.

—Ese dibujo se lo enviaron a Hermann Hesse unas pocas semanas antes de su muerte, para su cumpleaños. Estaba feliz y se pasaba largo tiempo contemplándolo. ¿Y sabe usted por qué? Porque él era un pájaro. ¿No lo sabía?

Recuerdo *Demian* y el dibujo del pájaro de Sinclair con la leyenda: "El huevo es el mundo, el pájaro rompe el cascarón. Vuela hacia Dios, el Dios se llama Abraxas". Sí, el ave de Hesse ha roto el cascarón y va cayendo, o volando, en algo más allá del mundo, de este mundo.

En la tarde fuimos con mi hijo a visitar el cementerio de Montagnola, en donde se ha enterrado al poeta. En la piedra de la tumba aún no se hallaba grabado el nombre; sólo flores amarillas cubrían la tierra, removida hacía muy poco. Eran las flores que Hesse amaba más. Mi hijo me dejó allí solo por un tiempo. Me senté sobre el suelo, frente a la tumba, y medité en el amigo, en el Maestro, en el poeta y en el mago, tratando de recordar sus rasgos, de fijarlos en el tiempo, un tiempo más, antes de que su forma, que ya va navegando por el río inmenso, se deshaga completamente, aun en las vibraciones de la luz increada, para alcanzar hasta ese mar sin fondo en el que tal vez nada queda y ni siquiera una brizna de memoria pueda penetrar.

Recuerdo sus palabras: "Morir quizás sea ir al Inconsciente Colectivo, perderse, para desde allí retornar un día a la forma, a las formas".

Alguien se acercaba por los senderos de tierra. Levanté la vista y vi a una pareja de jóvenes. Ambos portaban sacos de montaña, calzaban zapatos claveteados y llevaban pantalones cortos. Conversaban en alemán. Se detuvieron junto a mí y me preguntaron si era aquella la tumba de Hesse. Les respondí afirmativamente. Y ellos permanecieron allí con profundo recogimiento, apoyados uno en el otro, la muchacha con su cabeza sobre el hombro del varón. Así estuvieron un instante, hasta que él abrió su saco de montaña y extrajo un librito encuadernado en azul claro. Empezó a leer, junto a la tumba, un poema del escritor muerto. Con unción, como quien ora. Esos jóvenes alemanes le leían a Hesse sus propios versos, sus bellas palabras de otrora de la vida, de la patria, del mundo, de la tierra.

¿Les escucharía él en algún centro, en algún rayo de la luz increada, más allá de las aguas que ahora se lo llevan?

El Árbol

Esa noche leímos con mi hijo el último poema de Hesse:

CRUJIR DE UNA RAMA QUEBRADA

De la rama quebrada, astillada,
colgando año tras año,
cruje seca la canción al viento;
sin hojas, sin corteza,
monda, descolorida, cansada
de vivir demasiado,
de morir demasiado.

Suena duro y tenaz su canto;
suena arrogante, ocultando el miedo.

Otro verano más,
otro largo invierno.

La Estatua de Goldmundo

Antes de la partida de mi hijo, visitamos también la tumba de Jung, en Jusnacht. Estábamos cerrando el Círculo.

Me quedé luego solo en Zurich, por unos días. Allí se encuentra la casa señorial de los Bodmer. Elsy Bodmer debería hallarse ya de regreso de Montagnola y decidí visitarla, antes de abandonar la ciudad, para charlar más largamente sobre el amigo recién desaparecido.

Su casa, de fines del siglo XVI, es tal vez la más antigua que hoy resta en Zurich. Hans C. Bodmer, el amigo de Hesse, amaba la música, los caballos y la medicina. Cruzar el portal de su casa es alejarse del mundo de nuestros días. Dentro hay otros años y un gran silencio. La señora Bodmer la conserva como en el pasado; aun los cuartos en que nacieron sus hijos se mantienen iguales a cuando ellos los habitaron, con sus muebles y hasta con sus juguetes. Las maderas nobles despiden un aroma de pensamientos y de historia. Se conservan aquí tesoros de arte, hay cuadros de Botticelli y tallas medievales.

Voy subiendo al último piso, donde Elsy Bodmer me recibe en un salón apacible. Aquí estuvo Hesse en muchas ocasiones.

Al comenzar nuestra charla, Elsy Bodmer también me dice:

—Entre usted y Hesse existió una conexión importante. Él tenía pocos amigos nuevos, no veía a nadie en sus últimos años, pero con usted fue diferente… Es curioso, viniendo de tan lejos y siendo de tan distinta edad...

Y se queda meditando.

—La señora Hesse, ¿permanecerá en Montagnola? –pregunto.

—Creo que sí. Consulté a mi hijo si deseaba ocupar la casa de Montagnola y él es partidario de dejársela a Frau Hesse. Todo depende de que ella se acostumbre a la nueva soledad.

—¿Se creará un museo de Hesse, con sus libros y manuscritos?

—Sí, pero aún no se ha decidido dónde. Hay quienes piensan en Berna, otros en Alemania. ¿Qué cree usted? Me parece que en Berna estaría un poco aislado, lo mismo que en Lugano.

—Pienso –digo– que ya es hora de que Hermann Hesse regrese a Alemania desde su exilio.

Al decir esto, estoy sintiendo como que Hesse me impulsa. Recuerdo también la pareja de jóvenes alemanes junto a su tumba.

Elsy Bodmer responde.

—Creo que usted tiene razón. Hay un indicio de que Hesse lo deseaba así. Consultado al respecto una vez, se refirió a la ciudad alemana en que se encuentra el museo de Rilke.

—Después de todo, Hermann Hesse es profundamente alemán –continúo–; el último cultor de la línea romántica de Hölderlin. Como los más ilustres alemanes, se conecta al Oriente, a la India; como Schopenhauer, como Nietzsche y tantos otros. Me parece que también ha llegado la hora de que Alemania devuelva a Hesse en amor y culto, tanta belleza expuesta por él en su lengua materna. Las viejas ciudades y caminos de Alemania han sido cantados por Hesse con exaltación. Nuremberg, y su propio pueblecito de Calw. ¿Se acuerda de ese bellísimo cuento, *Knulp*? El otro día, en Montagnola, he presenciado una escena que me emocionó hondamente y que deseo narrarle.

Relato a la señora Bodmer la escena de los jóvenes alemanes

—Se lo diré a Frau Hesse, le contaré su opinión para que ella decida sobre el lugar del museo. A propósito, ¿ha visto usted el museo de Thomas Mann, aquí en Zurich? Es muy interesante[1].

—No, no lo he visto, pero me gustaría. ¿El Museo de Mann no ha quedado en Alemania?

—Usted sabe que Thomas Mann condenó a Alemania como un todo, sin hacer distinciones, en la última guerra. Y los alemanes no se lo perdonaron, demostrándoselo cuando visitó el país después de la catástrofe... Hesse se alejó de Alemania, pero nunca la condenó globalmente...

—Pienso que Thomas Mann, aun en su condenación integral de Alemania, siguió siendo un alemán; es decir, se desmidió... Alemania es como España, absoluta...

La señora Bodmer entorna sus párpados con dulzura. Me sirve un poco de vino añejo en una bella copita de cristal.

La luz del mediodía penetra a través de las ventanas de madera pintada. Me levanto para partir, pero ella me detiene, deseando mostrarme en un cuarto vecino algunas pinturas del Renacimiento y un icono con inscripciones en latín. En un rincón apartado se encuentra una figura que absorbe toda mi atención. Es la talla de un monje en tamaño natural. Elsy Bodmer me explica que es una obra del siglo XII.

Quedo observando esta escultura extraordinaria. El monje jo-

---

1 Recientemente se decidió que el museo de Hermann Hesse quede en Alemania, en la ciudad de Marbach, sobre el río Necker, en el Schiller Nationalmuseum, donde se encuentran también los archivos de muchos otros famosos escritores alemanes, entre ellos los de Rilke. Los archivos de Hermann Hesse han sido donados al gobierno suizo y este los facilita a Alemania. La decisión fue tomada por Ninon de Hesse.

ven, de cabeza rapada, de pies desnudos, sólo cubierto por un hábito rústico, sostiene en la mano izquierda, junto al corazón, unas tablillas y con la mano derecha hace el gesto de bendecir. Las manos y los pies son bellísimos, toda la figura es frágil y bañada de espiritualidad. Sus ojos dirigen una mirada penetrante, que viene de los albores del cristianismo, de aquellos siglos en que también la luz se combinaba con la sombra, para elevar el canto sublime de la Creación.

Goldmundo, el héroe de Hesse, vagabundo por los caminos de la Edad Media europea, creó una sola obra en su vida, una sola obra de arte, fuera del amor en que tanto se prodigó: una escultura en madera para el púlpito de una iglesia. Y pienso que ella puede haber sido como esta talla, producto de toda una vida, de toda la luz y toda la sombra de una vida.

El Sueño

Esa noche, en Zurich, tuve un sueño. Veía un gran edificio de color blanco, de construcción extendida, con varios pisos, que parecía una universidad. En él estudiaban numerosos alumnos; cada dependencia era una sala de clases. Se estudiaban de preferencia las ciencias exactas y aplicadas, la Ingeniería, la Física. Cada alumno en ese ejército incontable sería luego un científico, un ingeniero, que aplicaría los maravillosos conocimientos adquiridos para lograr resultados tangibles. Utilizaría esos conocimientos automáticamente, por así decirlo, sin jamás maravillarse ni prolongar el pensamiento hacia la duda, sin sacar conclusiones vitales, sin remontarse a las esencias. Era este el mundo del presente y del futuro. Los hombres salidos de estas aulas serían duros, plomos, hechos para expresarse en las leyes de la mecánica, productos ellos mismos de la mecánica. Los últimos exponentes de un mundo con alma, de un tiempo solar, con carne y espíritu; los últimos representantes de los dioses y demonios clásicos, de la tierra viva, del vino y de la sangre, ya se fueron. Acababan de morir. Semidioses, hombres vivos, los últimos hijos heroicos del ensueño y de la magia. Serían juzgados por los hombres-hormiga del presente como románticos, como idealistas, productos de la superestructura de una sociedad burguesa en descomposición. Los arquetipos del presente serán los hombres grises del átomo, de la máquina, los conquistadores físicos del espacio, los que se preparan tan sañudamente en estas universidades de cemento, en estos países de asfalto. Y cada vez será peor, cada vez más. ¿Qué tenía que hacer yo aquí?, me preguntaba. ¿Cuál era mi lugar, mi sitio? Extraño, ajeno, no existía para mí un solo hueco, un solo espacio. ¿Y Hesse, y Jung, dónde se habían ido? Muy lejos, totalmente inalcanzables. Ellos no retornarían jamás; irían a otros mundos, a otros universos ganados por el trabajo que realizaron en su alma. Y yo, ¿qué podía hacer? Prepararme también, cumplir con el esfuerzo para no retornar nunca más a esta tierra y merecer a mi vez el paso a otra esfera. Me quedaba muy poco tiempo para ello, debería hacer el esfuerzo último. Pronto, ahora mismo, si quería salvarme del desierto-plomo en que la tierra será transformada por la mecánica, de la prisión horrible, y poder avanzar por el mismo sendero que mis camaradas mayores, que mis amigos, los semidioses de sangre y carne, los magos, los guardadores del sueño.

La Fiesta de Bremgarten

Hoy es domingo. Me encuentro solo en mi casa de Belgrado y me propongo celebrar un rito, rodeado de mis cuadros y esculturas de Oriente. Voy a escuchar la música que Hesse amaba y la voy a escuchar con él, voy a prestarle mis sentidos para que aún pueda seguir oyéndola. Estoy seguro de que él vendrá.

Enciendo unas varillas de sándalo de la India y pongo en el tocadiscos la "Misa en Si Menor", de Bach.

Me reclino en un sofá y dejo que la música *nos* envuelva. No pierdo una nota, no puedo hacerlo, pues él está oyendo a través de mí y debo serle fiel, debo escuchar tal como él lo hiciera mientras vivía. ¡Ah!, sí, esta música es como la pintura de Leonardo, como "La Anunciación", el "San Juan", "Santa Ana y la Virgen", como la "Virgen de las Rocas". En esta Misa, Bach repite su propia vida, ofrenda sus motivos, sus símbolos, sus leyendas, a ese algo que lo trasciende y que es su propia alma. Es una misa consigo mismo. Es un Sacrificio a la propia vida, a la propia alma, buscándose, rebuscándose, prolongándose, y donde los últimos toques son un Matrimonio y una ofrenda casi sacrílegos. Es la muerte y la esperanza de la Resurrección, pero en los propios mitos, en las historias creadas, en los compases, en los motivos, en los juegos de los números, en el contrapunto, en las voces desmaterializadas y en la flor que crece de todo esto, la flor mística que brota en el Altar y que es el producto imaginario de la sostenida tensión de un alma que ha gritado desde la cuna hasta la tumba: "Padre mío, ¿por qué

70

me has abandonado?" La magia es esto: la creación de la Flor Mística. Sólo muy pocos lo han conseguido. Bach, en su Misa. La Misa es también la fiesta de Bremgarten que Bach se ofrendara a sí mismo, repitiendo en ella toda su vida de creador.

Sigo escuchando. No pierdo nada. Y Hesse está aquí y lo agradece. Él oye conmigo, él me enseña a escuchar la música.

La Misa ha terminado y le seguirán luego "La Pasión según San Juan" y "La Pasión según San Mateo". Todo un día, toda una semana, hasta el próximo domingo. Y al final de este rito, cumplido ya, vendrá nuestra Fiesta de Bremgarten, la mía.

Efectivamente, he preparado un almuerzo en mi casa solitaria de Belgrado, en este país que pugna por superar la era del sol y de la espiga. Y voy a invitar a ese almuerzo a todos mis fantasmas, a mis mitos y a mis muertos.

Será un almuerzo en honor del amigo ya partido. Le devolveré ahora su hospitalidad en Montagnola. Pero invitaré también a mis leyendas.

Les hago pasar al comedor y les voy sentando a mi mesa, mientras allí cerca se ejecuta la música mágica. Todos se sientan de tal modo que forman un *Mandala*.

En un comienzo la fiesta fue en honor de Hesse, pero poco a poco se ha transformado en una Misa oficiada en mi propia alma, con los sueños de toda una vida.

Entonces, escancié vino rojo de Istria y de los Andes. Y brindé por Hesse y porque su camino de ultratumba le fuese suave. Le prometí, además, sostenerle en mi recuerdo en contra de las espantables aguas del Gran Río. Y brindé por cada uno de mis fantasmas y por los grandes sueños.

Brindamos, brindamos mucho, mientras cantaban los coros embrujados. Y envueltos en ellos se movían cadenciosos los rostros de la Leyenda, de los amigos sin tiempo y sin espacio.

Extracto de Dos Cartas

"Belgrado, 6 de octubre de 1962.

Querida señora Hesse:

… He escuchado en estos días la Misa de Bach y las Pasiones según San Juan y San Mateo. Todo el tiempo tuve la impresión de que Hermann Hesse escuchaba conmigo. Le presté mis oídos para que él pudiese aún disfrutar de las voces de esa gran oración.

Haga usted lo mismo, préstele sus sentidos, viva feliz, pues él la necesita a usted para eso. Cumpla con el rito. Es este un Ritual del que nosotros debemos ser oficiantes, cultivándolo y perfeccionándolo para nuestros amigos más queridos, que, a veces, desde la otra orilla, parecieran estar haciéndonos señales…"

"Montagnola, 21 de octubre de 1962.

Querido señor Serrano:

… Estoy segura de que Hermann Hesse se habría sentido muy feliz de saber que usted escuchó la Misa en Si Menor, pues era su gran pasión. Sobre esta obra él escribió su "Carta de Mayo", de este mismo año.

… No olvide a Hermann Hesse. ¡Todo se olvida tan fácilmente!

Me llena de alegría saber cuánto le quiso usted y cuánto aún le quiere…

Ninon de Hesse"

C. G. JUNG

El profesor Jung. En su mano izquierda puede verse el anillo con la gema gnóstica.

La Antártida

En 1947 partí a la Antártida. Ese viaje, tanto exterior como interior, a los hielos del mundo, a los extremos, en busca de un misterioso oasis de aguas templadas, ha sido narrado por mí en *Quién Llama en los Hielos*... Algo que no he dicho, sin embargo, es que llevaba conmigo un libro que me sustrajo en parte al interés de aquella aventura: *El Yo y Lo Inconsciente*, de Carl Gustav Jung. Debí luchar contra la obra, en un comienzo, pues se apoderaba de mí, haciéndome olvidar el contorno de los hielos en que me sumergía. Sólo al final vine a comprender que el libro y la aventura en los extremos del mundo, en el Antiguo Sur, debían tener una relación, un sentido análogo.

Fue mi primer contacto serio con la obra del profesor Jung. Yo había leído a Freud y Adler, pero nunca había profundizado a Jung. Un ligero contacto con sus "Tipos Psicológicos" había sido todo.

Y ahora, mientras cruzaba los canales de la Patagonia y Tierra del Fuego, bajo una persistente llovizna, mientras contemplaba las luces de la cordillera de Última Esperanza, los ventisqueros del Beagle y atravesaba el Purgatorio del Mar de Drake para, al fin, caer en el fuego blanco de las nieves, allí, junto al trueno de los icebergs que se desprendían de las gigantescas barreras de la Antártida, perdido sobre las praderas de hielo, quemado por el frío, en la búsqueda ansiosa del Oasis legendario, el libro del profesor Jung iba en el bolsillo de la parka y mi pensamiento giraba a menudo sobre sus incógnitas, desviando mi atención de las grandes grietas de la planicie helada, para buscar también el remedio que permita cerrar esa otra grieta que en el alma del hombre moderno separa el Yo de Lo Inconsciente.

¿Qué fue, en verdad, lo que despertó en mí un interés tan agudo por esa obra? Reflexionando ahora, creo que el encuentro con la idea del *Arquetipo* y la mención, como de pasada, que allí se hace a la posibilidad de que el mismo Jesús haya sido prisionero de esas tremendas fuerzas autónomas. Todo un mundo espantable se me reveló, aterrador como las extensiones heladas y el silencio blanco de la Antártida, como el sudario que cubre sus abismos. Constelaciones de ideas presentidas, pero aún no formuladas, llegaron de golpe a mi conciencia.

Al regresar de la Antártida, me fue difícil saber qué había sido más importante para mí, si la expedición o la lectura del libro de Jung.

Sin embargo, de aquel libro no pasé entonces a otro del mismo autor. El viaje externo hacia los hielos se repitió por dentro, debiendo tratar de alcanzar los extremos. De esta búsqueda ansiosa surgió el deseo de viajar a la India, como un medio de encontrar las fuentes, de ir a las raíces, en busca del origen de los mitos y leyendas de nuestra América y también para tomar contacto directo con la yoga, ciencia con la cual entrara en relación ya en Chile.

La necesidad de traducir a un lenguaje racional aquella vieja sabiduría, tratando de hacerla más asequible a mí mismo, me llevó de nuevo a Jung. Volví a leer *El Yo y Lo Inconsciente*, y de ahí pasé a sus comentarios de libros sobre yoga china y tibetana: *El Secreto de la Flor de Oro*, publicada en colaboración con Richard Wilhelm; el *I Ching*; el *Libro de los Muertos*, del Tíbet, y *El*

Libro de la Gran Liberación, editados por Evans-Wentz. Leí también sus trabajos sobre alquimia, su estudio sobre el "Rosarium Philosophorum", atribuido a Petrus Toletanus; "Psicología y Religión", "Aion", "Los Símbolos de la Transformación", etcétera. La Libido, que para Freud era sinónimo de sexo, con Jung adquiría un cierto parecido al "Kundalini" de la yoga tántrica.

Creí, además, entrever en la *Psicología Analítica*, o *Psicología Profunda*, de Jung, la semejanza con un camino de iniciación, subyacente, como en un segundo lenguaje, del cual su mismo autor pudiese bien no ser consciente, me decía. El psicoanalista pasaba a ser el "Gurú" o Maestro, y el paciente el "Chela" o Discípulo. Si entendemos que toda *enfermedad* es en verdad un estar dividido, incompleto, y toda salud es un reencuentro de la *totalidad* o de un nuevo equilibrio momentáneo, el camino de Jung llevaba también, entonces, a través del "Espectro del Umbral", de fantasmas y sombras ilusorias, hasta la realidad última del *Purusha*, o el Sí-mismo, ese centro ideal de la persona.

Pero Jung quería diferenciarse del hinduismo y del Oriente en general, pretendiendo establecer un diálogo sin fusiones con el Uno, evitando aniquilar a la *persona*, sin que el Yo perdiese su identidad.

Mi investigación en la India me llevó a descubrir al final que también en aquel país, en un lejano pasado, habrían existido unos seres extraordinarios, llamados Siddhas, quienes fueron magos y alquimistas, habitantes legendarios de una India prearia, que intentaron ese diálogo separado, por así decir, y que al "samadhi" de los vedantistas absolutos de la era aria opusieron un trance aun más profundo: el "kaivalya", que quiere decir "aislado", "separado", aparte del Universo, de Prakriti, de Brahma, del mismo Dios.

Los siddhas aspiraban a conseguir la inmortalidad en su cuerpo por medio de la combinación de los metales.

Mi Primera Entrevista
con el Doctor Jung

En diciembre de 1957 escribí una carta al doctor Jung, remitiéndole un artículo publicado por mí en "The Hindustan Times", titulado *La Crucifixión del Yo*, inspirado en la frase de un discurso que el entonces Vicepresidente de la India, el filósofo Sarvapali Radhakrishnan, pronunciase con ocasión del Congreso Mundial de las Religiones, celebrado en Delhi. En este artículo me refería a Jung.

No recibí respuesta directa a mi carta, sino por intermedio de su secretaria, Aniela Jaffe. Me comunicaba que el doctor Jung había leído el artículo, pero que, encontrándose mal de salud a la fecha y recargado de trabajo, me lo agradecía por su intermedio.

Por aquel entonces, en la India, yo dejaba pasar los días como grandes pájaros de alas pesadas. Me sentaba a la vera del tiempo y observaba allí deslizarse maderos carcomidos, sueños rotos, amores, deseos incumplidos. De vez en cuando me acomodaba en la postura del loto y practicaba la yoga de la concentración. Musitaba la sagrada sílaba *om*.

Fueron también los tiempos de las visitas de la Reina de Saba. Para emplear la terminología junguiana, diría que esos fueron los años de mi lucha a muerte con el *ánima*. Escribí en esos días una historia que titulé *Las Visitas de la Reina de Saba*. No sabía que esa historia iba a ser el primer eslabón en una cadena de otras más, productos de una gran conmoción, y que vendrían a formar luego un libro publicado bajo el mismo título y que Jung prologó.

En mi primera visita al doctor Jung, le hice entrega de aquella historia, en la que se mezclaban símbolos de Oriente y Occidente, conocidos por él, pero que también sintetizaban las "leyendas" de mi vida.

Sería ingratitud no reconocer la parte fundamental que la India jugó en mi encuentro y posterior amistad con el doctor Jung. Sin la India, tal vez no habría existido la posibilidad de atracción poderosa sobre el gran hombre, pues se sabe la importancia que este país tuvo para Jung, como la tuviera para Hesse.

Fue la señora Indira Gandhi, hija de Nehru, quien me presentó a Dorothy Norman, inteligente mujer norteamericana, interesada en Jung y en su trabajo con los símbolos. La señora Norman telegrafió a la doctora Yolanda Jacobi, discípula de Jung, en Zurich, anunciándole mis deseos de ser recibido por el profesor y mi próxima visita a aquella ciudad. Pedía que me ayudase a conseguir una entrevista. Aun cuando a la misma doctora Jacobi no le era fácil llegar hasta Jung en aquellos días, a causa de que él vivía en completo retiro, fue ella quien me indicó su paradero. El doctor Jung se encontraba de vacaciones en Locarno.

Para ir a casa de Hermann Hesse, en Montagnola, debía pasar precisamente por Locarno. Intentaría, pues, ver a Jung.

Fue así como la tarde del 28 de febrero de 1959 me encontré en el amplio hall del Hotel Splanade, en Locarno, esperando al doctor Jung, quien había aceptado recibirme.

Le vi cuando descendía la escalera, pausadamente. Era alto, un poco cargado de hombros. Su pelo, blanco; delgado en esos años, creo que traía una pipa en la mano. Me saludó afablemente, invitándome a sentarnos en un rincón, junto a una balaustrada, donde quedábamos completamente aislados.

—¿Viene de la India? –me preguntó en inglés–. Estuve allí hace tiempo; trataba de convencer a los hindúes de la imposibilidad de anular completamente el yo, la conciencia, en el "samadhi" profundo.

El doctor entraba así directamente al tema. Sus gestos y sus palabras eran reposados, elegantes, pero llenos de un entusiasmo contenido, de un fuego interior, adivinándose la trepidación de un pensamiento vivo, constante, de todas las horas, en este hombre que a la fecha bordearía los ochenta y cuatro años.

Continuó:

—En Bengala, en la Universidad de Calcuta, sostuve discusiones con profesores y doctos brahmanes sobre el mismo asunto, pero no entendían. Trataba yo de explicarles que si Ramakrishna, por ejemplo, hubiese anulado completamente la conciencia en sus profundos éxtasis, ya no habría existido allí nadie para experimentarlos, conocerlos y aun gozarlos; nadie habría sabido de ellos, nadie habría podido recordarlos.

Durante este diálogo, comprendí que debía mantenerme plenamente consciente del momento que estaba viviendo en presencia del genio tan admirado en estos últimos años. Tratando de ampliar al máximo mi lucidez y concentración mental, lo observaba con detenimiento. Aunque envejecido, una potente energía se desprendía de él mientras hablaba, también bondad, mezclada a una cierta ironía, o quizás sarcasmo. Todo ello envuelto en un cierto aire de ausencia y de misterio; porque se comprendía que aquel hombre bondadoso podría transformarse en cruel y destructor, si lo quisiera, por medio de una suerte de fusión de extremos o supresión de polaridades. Sus ojos observaban, penetrantes, más allá de los lentes y, al parecer, del tiempo. Su nariz era aquilina. Yo había visto fotografías de Jung en su juventud y también en su madurez; me llamaba ahora la atención el cambio de su fisonomía, pues no encontraba ningún punto de contacto entre aquellas fotos y el rostro que ahora tenía enfrente. ¿Sería esta una transformación como la del Aurobindo Ghose joven al Sri Aurobindo anciano, del "Ashram", de Pondichery? El rostro que ahora contemplaba era el de un viejo alquimista del siglo XVII, marcando una asimetría evidente. Sus manos eran nudosas, como las de Hesse. En el dedo anular de la izquierda se destacaba una gema oscura, montada en oro, que llamó poderosamente mi atención. Debían de tener un significado sus diseños, que no lograba distinguir.

A causa de que entre nosotros parecía haberse creado con facilidad una atmósfera cordial y placentera, nuestra primera entrevista se extendió mucho más de lo por mí pensado. Al finalizar la visita, tuve más la impresión de un reencuentro que de un primer encuentro. Algo así como el volver a la presencia de un ser que me esperaba y a quien yo había conocido antes. Intercambiábamos las impresiones de un largo peregrinar.

Le escuchaba decir:

—El Inconsciente significa la no conciencia. Nadie se puede sumir allí totalmente, mientras vive, ni recordarlo luego, como lo pretenden los hindúes. Para recordar se necesita un espectador, el yo, la conciencia. Discutí esto con el "Gurú" del Maharajá de Mysore...

Hace una nueva pausa y golpea su pipa contra la balaustrada.

—El hindú trata de anular el yo –intervengo–, para no retornar más aquí, a la rueda del *samsara*; teme a la eternidad como a un insomnio, desea fundirse en el todo. Pero no siempre fue así y hubo también quienes aspiraron a lo contrario, los Siddhas. Tengo entendido que usted desea establecer un diálogo entre el yo y aquello que lo trasciende, proyectar la luz de la conciencia más y más en lo Inconsciente... Ahora bien, usted habla del Inconsciente Colectivo; por ley de polaridad debería existir un Consciente Colectivo y puede que hasta un Superconsciente. ¿No será a esto a lo que se refiere el hindú y a lo que aspira a remontarse en los *Samadhis* y, en especial, en los *kaivalyas?* Para alcanzar la Superconsciencia habría que anular la pequeña conciencia racional, de todos los días... Podría haber un malentendido en torno a lo que el hindú quiere significar cuando habla de anular el yo, la conciencia.

—Puede ser –dice Jung–, y ello se debe siempre a la debilidad expositiva del hindú, que no piensa ni expone racionalmente, sino en prédica, en parábola. No se interesa por definir, por impresionar a la *razón* de su interlocutor. Es esta una condición intrínseca del Oriente en general... En cuanto a la hipótesis de una Superconsciencia, se halla en el plano de la Metafísica, queda fuera de mi campo. Yo intento avanzar sobre hechos y experiencias. Allí, en el Inconsciente, no he encontrado un centro estable, definitivo; no lo he hallado hasta ahora, ni creo que exista tampoco... Eso que yo llamo el Sí-Mismo es un centro ideal, equidistante entre el yo y lo inconsciente, equivaliendo, pudiera ser, a la expresión máxima y natural de una individualidad, a su cumplimiento o complementación, a su totalidad. La naturaleza aspira a expresarse, agotando sus posibilidades. El hombre, igual. El Sí-Mismo es esa posibilidad de complementación, de totalidad. Por consiguiente, es un centro ideal, una creación, un sueño de la naturaleza. Los hindúes son sabios en esta materia. El *Purusha* de los filósofos Sankhyas es el Sí-Mismo. También el *Atman* puede asimilársele. Y la definición que de él dan los hindúes le cuadra. Por cierto que su definición es parabólica. ¿Conoce usted la historia del discípulo que fue a visitar a su Maestro para preguntarle qué era el Atman? El Maestro le respondió:

—Es todo.

El discípulo insistió:

—¿Es entonces el elefante del Maharajá?

—Sí –dijo el Maestro–; el Atman eres tú, pero también lo es el elefante del Maharajá.

El discípulo partió muy contento. En su camino se encontró con el elefante del Maharajá. No se apartó de su ruta, pensando: "Si yo soy el Atman y el elefante también lo es, me reconocerá". Aun cuando el conductor del elefante le gritó para que se apartase, él no lo hizo y el elefante le dio un golpe con su trompa arrojándole a varios metros de distancia. Todo magullado fue a presentarse al día siguiente a su Maestro para decirle:

—Tú me afirmaste que el elefante y yo éramos el Atman, y mira lo que me ha hecho.

El Maestro, sin perder la calma, le preguntó:

—¿Y qué te dijo el conductor del elefante?

—Que me hiciera a un lado –respondió el discípulo.

—Debiste hacerle caso –dijo el Maestro–, pues el guía del elefante también es el Atman...

¡Ah!, los hindúes tienen respuesta para todo. ¡Saben mucho!

Y Jung ríe de buena gana, alegremente.

—Viven en los símbolos –digo–; están penetrados, compenetrados con ellos, pero no los interpretan ni les gusta que alguien lo haga, pues sería como destruirlos... Usted interpreta los símbolos... No me llama la atención por ello que no sea más ampliamente conocido y discutido en la India, a pesar de lo mucho que usted le ha dedicado a su cultura y al Oriente en general... En mi país usted es bien conocido y muy leído.

—Lo sé, constantemente recibo comunicaciones de Chile y otros países de América latina, lo cual me sorprende, ya que mi labor, mis obras y mi esfuerzo han estado más bien dirigidos a mí mismo; son huellas dejadas en el proceso íntimo de una *individuación*, aun cuando se vinculen con eslabones herméticos del pasado y del futuro; pero no estando destinados a la popularidad ni al éxito de masas, me asusta el éxito que de pronto he llegado a tener aquí y allí. Me temo que esto no es bueno. El trabajo esencial se cumple en el silencio y fructifica en las mentes de unos pocos. Hay una sentencia china que dice: "Si un hombre solo y sentado en su cuarto piensa los rectos pensamientos, estos serán escuchados a mil millas de distancia…"

Calla un instante y luego sigue:

—Sí, la India es extraordinariamente interesante y usted deberá vivir esa experiencia *rectamente*, intensamente, hasta que llegue la hora… Yo también deseé confrontarme con ese universo, como producto del Occidente que soy, para poner a prueba nuestros caminos y dar vida dentro de mí a aquellas zonas que corresponden a las experimentadas por los hindúes, traerlas a mi conciencia por medio del contacto con un mundo distinto. Por eso viajé a la India en 1938. Voy a tratar de explicarle cómo veo a ese país, y usted me corregirá luego. Un indio, en tanto que es indio, no *piensa*; por lo menos en la forma como nosotros entendemos el pensar. Él, más bien, *percibe* el pensamiento. El indio se asemeja a los primitivos, en este sentido. No digo que sea primitivo, pero sí que el proceso de su pensamiento me recuerda las formas primitivas de producir pensamientos. El razonar primitivo es en esencia una función inconsciente y percibe sólo sus resultados. Deberíamos esperar esta peculiaridad en una civilización que ha gozado de una casi ininterrumpida continuidad desde las edades primitivas. Nuestra evolución natural fue cortada repentinamente en su nivel primitivo por la invasión de una psicología y de una espiritualidad procedentes de un más alto nivel de civilización. Fuimos interrumpidos en el comienzo de un politeísmo bárbaro todavía, cortado de raíz o suprimido en el curso de los siglos, no hace mucho tiempo. Supongo que este hecho ha producido una particular desviación de la mente occidental. Nuestra existencia se transformó en algo que aún no ha sido cumplido y que no podrá serlo totalmente. Se produjo así en el hombre occidental una disociación entre la parte consciente e inconsciente de su mentalidad. Se logró, sin duda, liberar a la conciencia del fardo de la irracionalidad y de los impulsos instintivos a expensas de la individualidad total. El hombre se dividió entre la personalidad consciente y la inconsciente. La personalidad consciente pudo ser domesticada porque se la separó del hombre primitivo. Así nosotros llegamos a ser altamente disciplinados, organizados y unilateralmente racionales, pero el otro lado permaneció suprimido, excluyéndose al primitivo de la educación y la civilización. Esto explica nuestras recaídas en las más espantosas barbaries y esto también explica el hecho, asimismo terrible, de que mientras más alto escalamos la montaña de las conquistas científicas y tecnológicas, más peligroso y diabólico es el mal uso que hacemos de nuestras invenciones y desarrollos… Pero esta no es la única forma en que el hombre puede llegar a ser civilizado; no es la forma ideal, en todo caso. Uno podría pensar en otra posibilidad más satisfactoria. En lugar de diferenciar exclusivamente una parte del hombre, podríamos intentar diferenciar al hombre total. Podríamos impedir esa fatal disociación entre una mitad alta y una mitad baja, uniendo al hombre consciente con el peso terrestre de su esfera primitiva. En la India podemos encontrar un ejemplo de civilización que ha incorporado todo lo esencial del primitivismo, abarcando al hombre total, desde lo más alto a lo más bajo. La civilización y la psicología indias se asemejan a sus templos: representan al Universo. Digo esto para poder explicar lo que entiendo por *no pensar*. Debería decir exactamente: gracias a Dios que todavía hay un hombre que no ha aprendido a pensar, pero que aún percibe sus pensamientos como si fueran visiones o seres vivientes, que percibe a sus dioses como pensamientos visibles, basados en la realidad de los instintos. Él ha rescatado a sus dioses y ellos viven con él. Es verdad que esta es una vida natural, llena de asperezas, tosquedades, miserias, enfermedades y muerte; sin embargo, en alguna forma, es completa, satisfactoria y de una belleza emocional insondable. Es cierto que su lógica es imperfecta y que es sorprendente ver cómo fragmentos de la ciencia occidental viven pacíficamente al lado de aquello que nosotros llamamos supersticiones. Pero a la India no le importan las contradicciones intolerables. Si estas contradicciones existen, son peculiaridades de los pensamientos autónomos y la responsabilidad es exclusiva de ellos mismos. El hombre no es responsable de tales contradicciones, desde que el pensamiento *se le aparece*. El indio no se interesa por los infinitos detalles del Universo. Su ambición es tener una visión de totalidad. Él no conoce aún que el mundo viviente puede ser destrozado entre dos conceptos...

El profesor Jung se inclina hacia atrás sobre la silla y contempla un punto distante, tal vez al hombre indio y sus imágenes.

—Es así –digo–. La India se aparece como una gran civilización natural o como una civilización de la naturaleza. El Oriente, en su totalidad, no ha aspirado, por lo menos hasta hace muy poco, a *dominar* a la naturaleza, sino a respetar sus leyes, a comprenderlas, dándoles un *sentido*. Con esto también la vida humana se llena de sentido. Sin embargo, es menos *persona*, más "arquetipo". Por cierto que el ser *persona* no debe necesariamente significar un bien, pudiendo ser todo lo contrario...

—Sí. La India es arquetípica –confirma Jung–. Por ello no intenté visitar allí a Swamis y Gurúes, no fui donde el Ramana Maharishi, el que inspirara a Somerset Maugham, porque considere que no hacía falta. Sabía lo que era un Swami; tenía la visión exacta de su "arquetipo", lo cual bastaba para comprenderlos a todos, en un mundo donde no existe la diferenciación personal extrema del Occidente, producto de la desconexión con la naturaleza, donde hay más variedad, pero también pobreza vital...

—Ha dicho, profesor, que fue a la India para conocerse mejor a sí mismo. Estoy intentando algo semejante, pues deseo descubrir qué somos nosotros, los americanos del sur. No somos Asia, pero tampoco somos Europa. Usted mismo declara que el hindú no *piensa sus* pensamientos. Seguramente esto quiere decir que no los *piensa* con su mente racional, con el cerebro, sino que son producidos por algún otro centro de su ser. ¿Es esto posible? Me parece que también nosotros, los sudamericanos, no *pensamos* con el centro racional, sino con otro, el cual tendremos que descubrir para llegar algún día a ser nosotros mismos. ¿Dónde se ubica ese centro? Deberíamos tomar en cuenta quizás la hipótesis de los *chakras*, esos centros psíquicos de la yoga...

—Efectivamente –dice Jung–. Recuerdo una conversación con el cacique de los indios pueblos, Ochwián Biano, o Lago de la Montaña. Me explicaba su impresión de los blancos, siempre agitados, siempre buscando algo, aspirando a algo. En sus rostros, surcados por arrugas, reflejábase la eterna inquietud. Según Ochwián Biano, los blancos estaban locos, pues afirmaban pensar con la cabeza y sólo los locos lo hacen así. Esta afirmación del jefe pueblo me produjo gran sorpresa y le pregunté con qué pensaba él. Me respondió que con el corazón.

Y Jung agregó:

—Tal como los antiguos griegos.

—Es extraordinario –confirmé–. También los japoneses ubican el centro de la persona en el plexo solar. Pero ¿cree usted que los blancos piensan con la cabeza?

—No. Piensan con el centro de la garganta. –Y Jung se lleva su mano al cuello–. Con la palabra, la palabra que hoy ha venido a reemplazar al Logos...

—¿Qué cree usted, doctor, de los *chakras?* Hay quienes afirman que corresponden a los plexos que la ciencia occidental ha descubierto no hace mucho. Por lo menos sus ubicaciones en el cuerpo humano coinciden con las de los plexos. Sin embargo, la Yoga Tántrica afirma que los *chakras* y los *nadis* son centros psíquicos, no fisiológicos, extendidos a lo largo de una "columna vertebral" también psíquica. Los *chakras* no existirían en actualidad sino en potencia, idealmente, como una posibilidad de creación; son de formación voluntaria, por medio de la práctica de la yoga, precisamente. Puede que en esto sean como el Sí-Mismo, al que hace poco usted se refería. Algo que hay que inventar. En todo caso, esa ciencia de Oriente, varias veces milenaria, abre una interrogante sobre su propia técnica, pues pareciera como que se han perdido las conexiones, quizás en un cataclismo en que sucumbiera una civilización de dioses...

—Los *chakras* –dice– son centros de conciencia, y *Kundalini*, la *Serpiente Ígnea*, que duerme en la base de la columna dorsal, es una corriente emocional que une de abajo arriba y también de arriba abajo.

Hace un esfuerzo ahora para recordar los nombres sánscritos de los *chakras.*

—Estoy muy viejo, estoy perdiendo la memoria.

A mí me parece, en cambio, que su memoria es prodigiosa.

—Abajo, el primero –continúa–, en la base de la columna vertebral, es el *Muladhara;* le sigue el *Manipura,* en el plexo solar; luego el *Anahata,* sobre el corazón; el *Vishuda,* en la garganta; el *chakra Ajna,* en el entrecejo, y el *Brahmachakra* o Coronario... Por cierto, le doy estas ubicaciones para poder hablar... Los *chakras* son centros de conciencia. Los inferiores son centros de conciencia animal. Hay otros centros aún más abajo del *Muladhara*.

—Si llegásemos a desarrollar todos los centros, seríamos el hombre total y, tal vez, se terminase la Historia, que es un movimiento pendular entre distintos *chakras*, es decir, de civilizaciones que expresan un *chakra*, una instancia diferente, otras *conciencias*, en diversos lugares y tiempos de la tierra, con un hombre que piensa otros pensamientos, de un modo peculiar. ¡Ah!, si nosotros pudiésemos alcanzar hasta el hombre total... ¿Qué es el Sí-Mismo, doctor Jung, qué es esa totalidad, ese centro ideal de la persona?

—El Sí-Mismo es un círculo cuyo centro está en todas partes y su circunferencia en ninguna –dice, recitando la sentencia en latín–. ¿Y sabe usted qué es el Sí-Mismo para el hombre occidental? Es Cristo. Cristo es el Arquetipo del Héroe, la aspiración suprema. ¡Ah, todo esto es misterioso, y a veces hasta asusta!

Se ha quedado en silencio.

Le extiendo entonces una copia traducida al inglés de mi cuento *Las Visitas de la Reina de Saba*, que he traído especialmente. Le escribo una dedicatoria en español. El doctor me la agradece y comienza a hojear sus páginas.

En ese instante se nos acercan tres personas; entre ellas, una mujer de negro, alta, de facciones apacibles. Le recuerda al profesor que es la hora de la cena. Me doy cuenta de que el tiempo ha pasado muy rápidamente y me levanto para partir. El doctor Jung se despide. Estrecho su mano, sin saber si le volveré a encontrar de nuevo y pensando que me han quedado tantas cosas por comunicarle.

Salgo a la noche de Locarno y me quedo un buen rato deambulando por sus caminos altos.

5 de Mayo de 1959:
Segunda Entrevista

Al día siguiente partí hacia Montagnola a visitar a Hermann Hesse. Al regresar de allí, supe que debería tratar de ver nuevamente al doctor Jung, pues habían quedado muchas consultas por hacerle. Decidí llamar directamente por teléfono a su casa de Kusnacht, vecina a Zurich, donde ya se encontraba de vuelta de sus vacaciones. Si no hubiese dado este paso, tal vez mi relación con el doctor no habría pasado más adelante. Llamé a sabiendas de que Jung no recibía por aquel tiempo. Su secretaria y la dama que le acompañaba alejaban a los inoportunos, guardando su aislamiento. Al igual que Hesse, también Jung habría podido inscribir en el portal de su casa la sentencia del sabio chino.

Me respondió al teléfono la secretaria de Jung, Aniela Jaffe, con la cual mantuviera correspondencia desde la India. Se mostró escéptica sobre la posibilidad de una entrevista, repitiéndome que el profesor no recibía a nadie y que no se encontraba bien de salud. Le conté que había estado con él en Locarno y le rogué que le hiciera conocer mis deseos. La señora Jaffe me pidió esperar al teléfono; regresó tras breves instantes para comunicarme que el profesor Jung me recibiría ese mismo día, a las cuatro de la tarde.

Fue así como me encontré junto al portal de su casa en Ku:-

nacht, a orillas del lago de Zurich. Y también allí, en el frontis-
picio, sobre la piedra, había una inscripción. Decía: *"Vocatus at-
que non vocatus Deus aderit"* ("Llamado o no llamado, Dios está
presente").

El interior de la casa se hallaba en penumbra. Me recibió la
misma señora alta, afable, que ya viera en Locarno y que se presentó como Miss Bailey. Me invitó a que subiese la escalera. Los
muros estaban cubiertos por antiguos grabados, representando
figuras de la alquimia, escenas del Renacimiento y del Medioe-
vo. Arriba esperé en un pequeño cuarto, hasta que apareció el
doctor Jung.

Me saludó con gestos elegantes y cordiales, invitándome a pasar a su estudio, una sala con ventanales sobre el lago, con muros cubiertos de libros y cuadros y un amplio escritorio lleno de
papeles. Vi algunos Budas de bronce y, en el muro, encima de la
mesa de trabajo, un gran *panneau* representando a Shiva sentado sobre el monte Kailas. Al pensar en mi peregrinación de aquellos años en los Himalaya, para alcanzar hasta ese mismo monte, su visión no dejó de impresionarme.

Nos sentamos junto a una ventana. Él se acomodó en un sillón, al frente.

—Su historia de la Reina de Saba es mucho más que un poema o que una historia –dijo–. Está en el *asunto*, *lo* contiene todo,
la Reina de Saba y el Rey, lo *numinoso*...

Escuché en silencio. Él continuó:

—¡Ah, si usted llega a encontrar alguna vez en su vida a la
Reina de Saba, en carne y hueso, por esa ley acausal del sincronismo, no cometa el error de casarse con ella! La Reina de Saba
es para el amor mágico, jamás para el matrimonio. En el matrimonio, se destrozarían ambos, se desintegraría su ánima numi-
nosa...

—Lo sé –respondo.

—En mi larga experiencia psiquiátrica no he encontrado hasta hoy un matrimonio que sea suficiente en sí mismo, por decir así. Una vez creí hallarlo. Un profesor alemán me aseguraba que el suyo lo era. Le creí, hasta que, de visita en Berlín, pude enterarme de que su esposa mantenía un departamento secreto... Es la ley. Por otra parte, un matrimonio de compenetración exclusiva no es beneficioso para el desarrollo de las personalidades ni para la individuación; lleva a la anulación, produce una baja de los niveles, algo así como la estupidez colectiva en una sociedad de masas... Si no es él, es ella quien deberá hacer excursiones en el misterio... Mire, todo es como esto...

Y Jung coge una caja de fósforos y la abre. Pone sus dos mitades a distancia, una frente a la otra, de modo que parecen completamente iguales, luego las va acercando hasta que una entra en la otra.

—Es así –dice–, parecen iguales, pero no lo son, no deben serlo, y una debe incluir a la otra, una queda fuera de la otra. El ideal es que sea el hombre quien quede fuera, quien contenga a la mujer. Es cuestión de grados. El homosexual tiene en sí hasta un cincuenta y cinco por ciento de femenino, a veces. El hombre, de por sí, es polígamo. Los musulmanes lo saben bien. Sin embargo, el desposar varias mujeres a la vez es una solución primitiva, además de cara hoy...

Ríe y continúa:

—Creo que los franceses han encontrado la solución: el número tres. A veces este número tiene que ver también con el matrimonio mágico y con el encuentro con la Reina de Saba, lo cual es una cosa muy distinta a la interpretación sexual de Freud y las apreciaciones de D. H. Lawrence. El primero se equivocó, por ejemplo, en la interpretación del incesto, el cual, en Egipto, se reería a lo religioso y era un proceso de individuación. En efecto, el rey era el individuo y todo el pueblo, la masa amorfa. Había que desposar a la madre o a la hermana para proteger al individuo y proyectar la realeza. Lawrence exageró la importancia del sexo a causa de la excesiva influencia de la madre; superestimó a la mujer en su obra, porque se quedó niño, sin lograr integrarse a la tierra. Otro caso curioso es el de Saint-Exupéry; me enteré por su esposa, de importantes detalles de su vida. El vuelo, la evasión, es un intento de escape de la tierra... Pero la tierra, la materia, deberá ser aceptada, reconocida; en cierta forma, sublimada. Ello se realiza a través del mito y de la religión. El dogma de la Ascensión de María es la aceptación y reconocimiento de la materia, su divinización. La piedra es la realeza de la materia... Analizando los sueños se comprende mejor todo esto. También, en el estudio simbólico de la Alquimia. Es una lástima que no poseamos textos de Alquimia escritos por mujeres, pues nos habría sido dado conocer la visión de la mujer sobre estos temas, la que deberá ser diferente a la del hombre.

—¿Cree usted, doctor, que es necesario analizar los propios sueños, prestarles atención? ¿Y se podrá combinar esto con las prácticas de la yoga? Desde que he vuelto a analizarlos siento que mi vitalidad crece, como si me incorporase tesoros ocultos de energía, que de otro modo se perderían... Sin embargo, he conversado con Krishnamurti, en la India, y me ha dicho que los sueños no tienen mayor importancia, que lo principal es *mirar*, estar consciente, totalmente consciente del instante, del momento, para lo cual se deberá *mirar* tanto con el consciente como con el inconsciente. Me ha dicho que él no sueña nunca, pues, como *mira* con todo su consciente y su inconsciente, ya no le queda nada para el sueño, en el que únicamente reposa...

—Sí –dice Jung–; algunos científicos que viven con su atención puesta en la investigación, creen no soñar; pero un día no les funciona más el procedimiento, y entonces, sueñan... En cuanto a su pregunta de si es importante analizar los propios sueños, me parece que lo principal es seguir la naturaleza... Un tigre deberá ser un buen tigre; un árbol, buen árbol; también el hombre deberá ser hombre. Claro que hay que saber qué es un hombre... Seguir la naturaleza, y lo demás llegará solo, como la Reina de Saba, inesperadamente... Pero nada es posible sin amor, el proceso alquímico no lo es, ya que sólo enamorado se pone en juego toda la persona y se arriesga hasta la vida... Sin embargo, cuán a menudo se afirma amar, y en verdad no se ama a nadie...

Jung se levanta y se acerca a uno de los anaqueles de su biblioteca para extraer un libro. Se vuelve a sentar y empieza a hojearlo con delicadeza. Se trata de *Los Arquetipos y el Inconsciente Colectivo*. Lo ha abierto en el capítulo titulado "Estudio de un Proceso de Individuación". Me muestra los extraordinarios dibujos en colores allí reproducidos. Algunos son verdaderos mandalas tibetanos.

—Han sido hechos –me dice– por una mujer con quien intentamos un proceso de individuación por casi diez años. Era una americana de madre escandinava.

Me señala una pintura de extraños colores. Al centro aparece una especie de flor, un trébol de cuatro hojas. Sobre él, un rey y una reina se desposan en una boda mística, sosteniendo un fuego entre sus manos. Hay un fondo de torres. Jung dice:

—El proceso de la boda mística tiene varias etapas y está sujeto a innumerables vicisitudes, como el *Opus Alquimia*. La *coniunctio* es, por otra parte, una realización, un proceso de individuación conjunta, en este caso entre el médico y la paciente...

Un proceso de amor mágico, pienso, una boda alquímica; Salomón y la Reina de Saba, Cristo y su Iglesia, Shiva y Parvati, en la cima del monte Kailas; el hombre y su alma; la creación del Andrógino, del Homúnculo, de Ardhanarisvara.

Ahora Jung habla como para sí mismo, sosteniendo entre sus viejas manos el sugerente libro.

—En alguna parte, alguna vez, hubo una Flor, una Piedra, un Cristal; una Reina, un Rey, un Palacio; un Amado y una Amada, hace mucho, sobre el Mar, en una Isla, hace cinco mil años... Es el Amor, es la Flor Mística del Alma, es el Centro, es el Sí-Mismo...

Habla como un iluminado.

—Nadie entiende esto, sólo algunos poetas, sólo ellos me comprenderán...

—Usted es un poeta –le digo, emocionado por lo que acabo de oírle–. ¿Y esa mujer está aún viva?

—Murió hace ocho años... Soy muy viejo...

Comprendo que la entrevista debe terminar aquí. He traído conmigo *Las Metamorfosis de Piktor*, de Hermann Hesse. Le muestro esos dibujos también paradisíacos y le doy los saludos del Lobo Estepario.

—Conocí a Hesse por un amigo común que se interesaba en los símbolos y en los mitos –dice–. Este amigo común trabajó un tiempo conmigo, pero le faltó el valor para seguir hasta el final, porque el camino espanta...

Es tarde cuando dejo la casa del doctor Jung.

Camino largo rato para meditar sobre lo conversado y tratar de poner orden en mis pensamientos y emociones.

Las Bodas Mágicas

Pienso: ¿existirá también un doble sentido, un lenguaje de interpretación esotérica en el proceso de individuación, en el método descubierto por Jung? Si se lo preguntara a él, de seguro lo negaría. Puede que hasta él mismo lo ignore; mas, el doble, el triple lenguaje, sin duda existe. Está ahí, esperando. Una cosa es lo que el hombre pretende hacer y otra lo que se hace solo, a pesar de él. Lo he comprobado en muchas partes de este vasto mundo, en edificios, en obras de arte, en biografías de personajes que han llegado a ser extraordinarios pese a ellos mismos. Basta colocarse en una determinada línea y continuarla con tesón; entonces, un vientecillo de otro mundo nos toma y ya las cosas entran a depender de signos y poderes. El hombre es usado por los dioses o los demonios, cae dentro del Mito. Jung ha trabajado demasiado intensa y dramáticamente para que su línea no se vincule a la eternidad. Si es cierto que es el prolongador de los gnósticos y de la Alquimia, entonces no podrá evitar entrar a tomar parte en sus misterios, aunque él haya intentado despejar de sombras esos caminos. Ni los gnósticos ni los alquimistas acuñaron sus símbolos con el objeto de hacer psicología analítica, sino por pura magia estremecida. Ahora bien, aunque no lo desee, Jung está condenado a ser también un mago, traspasando las fronteras de la ciencia oficial de nuestro tiempo. Y tal vez él lo sabía cuando me dijo que sólo los poetas lo entenderían bien.

En el trabajo de la Alquimia, la *Soror Mística* acompañaba al
Alquimista a mezclar las sustancias, en su estudio, en su retorta.
Ella participaba así en el largo proceso de fusión, al final del cual
había una boda mística y la formación de un Andrógino, lo que
no habría sido posible sin la presencia constante de la mujer. Seguramente se han mezclado ambos, la *Soror* y el Alquimista, sus
ustancias psíquicas.

En el trabajo de "individuación", llevado a efecto por una
paciente", en un "gabinete" junguiano, también con infinita
paciencia se van mezclando sus imágenes con las del "analis-
a". Entre ambos se producen imágenes y sueños, que llegan a
ser comunes, confundiéndose hasta perderse la identidad y no
saber ya quién produce el sueño de quién, la imagen de quién.
En la vida diaria, en el amor mortal de la carne, los amantes, a
pesar de su atormentado deseo de fusión, aun cuando duer-
man en el mismo lecho, jamás podrán soñar los mismos sueños, estarán separados para siempre por ese hilo de aire endurecido. Sólo en el proceso alquímico de la boda mágica será
posible cerrar la grieta, sólo en la "coniunctio junguiana". ¿Y
se puede lograr esto sin amor? Jung ha dicho que no, porque
es sólo en el amor cuando todo el ser actúa y se está dispuesto
a "arriesgar la vida". Sin embargo, es este un amor distinto,
mágico, maldito; es un amor sin amor, contrario a la creación
física, a los tiempos y a la historia. Es el amor prohibido, el de
la Reina de Saba, el que se cumple fuera y al margen del matrimonio. Su producto no es un hijo de la carne, sino un hijo
del espíritu, de la imaginación, un Andrógino; la fusión de los
opuestos dentro de la psiquis de los *amantes*, de los alquimistas, de los magos, de los iniciados, en el rito de la Individuación. Por supuesto que este amor no excluye el amor físico en
la carne de los oficiantes; pero este se transforma en liturgia,

no siendo imprescindible. Lo que sí se excluye es el placer se
xual común.

Para explicarnos mejor, expondremos aquí lo que sucede e
la Tantra de la India, la que practicaron los verdaderos mago
Siddhas que buscaban eternizarse ascendiendo al cielo con su
cuerpos y que también mezclaron los metales en busca del or
innatural.

La Tantra es un método secreto, religioso, del amor sexual. E
iniciado hombre deberá ser casto; la mujer pudo también se
una prostituta sagrada de los templos, lo que en el fondo es igua
a ser casta. Se preparaban por largo tiempo antes de realizar e
acto llamado "Maithuna", en sánscrito, o coito místico. Ambo
se aislaban en la selva y vivían como hermano y hermana, com
el alquimista y su *Soror*, intercambiando ideas, imágenes y pala
bras (moliendo, desgastando las sustancias, cansando el metal)
Duermen juntos, desnudos, en un mismo lecho; pero no se to
can. Sólo tras largos meses pueden llegar a la realización de l
Misa Tántrica en que se bebe vino, se come cereal y se practic
el "Maithuna". Este acto es la culminación del largo proceso d
sublimación conjunta, de compenetración psíquica, hasta que l
carne se ha transformado, se ha transfigurado, "perfumado" co
mo un loto, hasta que el plomo se ha convertido en oro, con ayu
da del mercurio, del fuego misterioso despertado en la base de l
Columna Vertebral.

Este fuego es el que ahora actúa cuando ella es poseída en e
"Maithuna". Es un fuego inextinguible. En ese acto de amor su
premo –que nada tiene que ver con el acto sexual corriente, er
que sólo actúa la muerte y por eso se produce la vida de la car
ne– actúa ahora el Ángel de la Muerte, que es el que produce l
vida del espíritu. Ella, la mujer, la sacerdotisa del amor mágico
va tocando, con su fuego serpentino, los distintos *chakras* de

ombre, del héroe tántrico, preparado ya para la muerte mística y la resurrección, va despertando "centros de conciencia", al mismo tiempo que se abren los suyos propios. Al final, el placer sin nombre que se alcanza no es el de la eyaculación del semen, o que está estrictamente prohibido, sino el placer de la visión, de la apertura del *Tercer Ojo*, de la fusión de los órganos opuestos. El semen no salta hacia afuera, sino hacia adentro. El proceso de la creación se invierte en un movimiento retrógrado, por así decirlo. El hijo de este amor prohibido es el Andrógino, es el Hombre Total, con todos sus *chakras* o centros de conciencia despiertos. Es el encuentro con el Sí-Mismo. Con la Última Flor, la que no existe, la inventada hace más de cinco mil años...

Cumplido este rito de amor sin amor, esa Misa Tántrica, él y ella se separan. Ya están completos, ya están fríos para siempre, ya están individuados. En verdad, él se ha desposado con su "ánima"; ella, con su "ánimus". Sólo una vez en miles de años es dada la posibilidad de cumplimiento de este amor, al presentarse las condiciones psíquicas, astrológicas e históricas favorables, el *sincronismo* entre alma y naturaleza.

¿Habrá redescubierto Jung este camino?

Allá, en la India, en los muros de la ciudad sacra de Khajuraho, la Ciudad de las Bodas Eternas, todo esto está expuesto en las esculturas de piedra de sus templos, en escenas de amor indescriptibles. Pero en los muros de esa ciudad sacra no hay niños esculpidos. Y es que ese amor es un amor innatural. Sólo dentro del templo, en lo más recóndito, reposa, medita con los ojos cerrados, el Shiva Andrógino, contemplando el único punto de su propia creación, gozándose de ella, en esa flor de piedra...

También Krishna, el dios azul de la India, el bailarín enloquecido, al que tanto amara Hesse, ejecutaba sus danzas en los jardines de Vrindavan, en los bosques, lejos de los trabajos y los días. Y su amante era Radha, una mujer casada. Con ella, en la realización del número "Tres", danzando la "Raslila", dentro de un Mandala, alcanzaban el Sí-Mismo, la Flor Increada, el Centro inexistente de la más pura y dolida imaginación.

Y el amor de Krishna y Radha era también un amor prohibido, antisocial, porque Radha era casada.

Sin duda que en todo esto hay un sublime simbolismo. En los más altos planos de esta "iniciación", el Maithuna no es físico; no es necesario que así lo sea. Es más, se prefiere que no lo sea. La *Soror Mística* está allí, junto al alquimista, para ayudarle a mezclar las sustancias y para restañar su sudor de sangre, como María Magdalena. La "paciente" entrega sus imágenes y sus sueños para mezclarlos con los del "analista", para crear juntos, para fundirse en el proceso de la individuación.

Pero la unión, la boda última, se produce en verdad dentro del cuerpo de cada uno, aislados, solos, en forma tal que ya no se sabe a quién pertenece cada cuerpo. La unión es el despertar de los distintos *chakras*, gracias a Kundalini, esa "corriente emocional", como la definiera Jung, ese mercurio de los alquimistas, esa "serpiente ígnea", o "fuego astral" de los ocultistas. La boda es entre "Ida" y "Pingala" en el canal "Susumna", o bien en el templo del *chakra Manipura, o* Plexo Solar. También en el entrecejo, en el *chakra Ajna*, donde se abre el Tercer Ojo, o en el Vacío Último del *Brahmachakra*, o Centro Coronario. La boda es también entre el Yo y el Sí-Mismo, por medio y a través del Ánima y del Ánimus. De la mano de Beatriz, Dante desciende a los Infiernos y asciende al Cielo...

"Sólo los poetas me entenderán..." Sí. Incorporado a la *Aurea Catena*, Jung no podrá sino cumplir ya con sus acausales míticas. El Mago Jung ha vuelto a entregarnos, a hacernos posible hoy, el oficiar en la realización de los misterios, para que unos cuantos retornen hasta la legendaria tierra de los Hombres-Dioses.

Bastará la aparición de un alma grande entre sus discípulos, que lo prolongue, llegando a interpretar el lenguaje subyacente en su obra, presente allí como un palimpsesto. Y tendrá que ser un sacerdote, un mago, o puede que un poeta.

Con la Doctora Jacobi

Antes de dejar Zurich, quise agradecer a la doctora Jacobi el haberme señalado el derrotero a seguir. Fui a visitarla a su departamento.

Me preguntó con curiosidad acerca de mis entrevistas con el doctor Jung. Se interesaba por conocer si él se había referido a la situación mundial.

—Jung teme una guerra o una catástrofe, para 1964 –me dijo– a causa de los cambios astrológicos, del paso de una época a otra. La venida del Cristo coincide con la entrada en Piscis, final de un Eón y comienzo de otro.

—Nada me ha dicho Jung de esto –declaro.

—También Jung está intrigado por la venida de seres de otros mundos, a lo que corresponderían las visiones colectivas de los "discos voladores". Los seres humanos experimentarán un gran cambio...

—Jung no se ha referido para nada a esto –insisto–. Hemos conversado de los *chakras*. Me ha dicho algo muy interesante: afirma que son centros de conciencia y que Kundalini es la corriente emocional que los une.

—No, los *chakras* son centros de energía y Kundalini, la Yoga-Kundalini, es el desarrollo de la energía psíquica...

—Hemos hablado también de la interpretación de los sueños y le he explicado que, al analizarlos, mi vitalidad crece.

—Es lógico, porque así se incorpora usted una energía que, de otro modo, se pierde. Pero es sumamente difícil poder analizar los sueños de uno mismo.

—Mucho me interesaría conocer su opinión sobre los arquetipos, doctora Jacobi.

—Es algo así como la estructura de la psiquis, un impulso determinado, la vestidura de un instinto. En verdad, no se sabe cuándo se originan.

—¿Existe la contrapartida del Inconsciente Colectivo?

—En el plano colectivo, Europa, América, son el Consciente Colectivo, con sus legislaciones sociales y sus códigos. El Derecho Internacional es este Consciente Colectivo, que se equilibra y polariza en los pueblos de África y Asia, convulsionados, emergiendo a la superficie. Por una parte lo cerebral, lo racional y, por la otra, lo bárbaro... A un lado, el deseo de regular la Tierra y hasta de escapar de ella. Cada vez más se aspira a esta evasión... El aviador es el hombre femenino típico. Cada vez habrá menos hombres sobre la tierra y más aviadores...

Junto a unos vasos de vermut, hablamos luego de la India. Ella veía en este país únicamente el deseo de aniquilar el Yo para perderse en el Atman y contraponía, a la idea vedantina, la psicología de Jung, como un intento de establecer ese diálogo entre el hombre y su Dios personal, entre el Yo y el Sí-Mismo.

—Lo que no quiere decir que Dios exista –declara–. Jung aspira a ampliar el radio de la conciencia extendiendo su haz de luz sobre el mar de sombras, completando así la obra de la creación, *terminando aquello que la Naturaleza ha dejado incompleto*... En el Occidente no se aspira a *ser* Dios, como en la India; el místico cristiano se *conecta* a Dios, pero al otro día toma el desayuno. Es algo sencillo, vive la Fe, es el producto de la Fe.

La doctora Jacobi me declara que no le gusta la India.

Por esa fecha, ella tenía sesenta y nueve años.

Conversamos también de Wilhelm y del conde de Keyserling. De este último me refirió anécdotas y conversaciones:

—Era un hombre excepcional. Cuando estaba presente, se hacía imposible hablar; llevaba un volcán adentro. Muchas veces estuvo aquí, sentado en donde usted se encuentra hoy.

En el momento de abandonar Zurich, escribí a Jung, agradeciéndole. Le decía:

"Mis entrevistas con usted fueron algo de profunda significación para mí. Estos días de Suiza estuvieron llenos de sentido, envueltos en la luz de una misteriosa y breve primavera; una atmósfera mágica, me atrevería a decir. Y nuestra conversación en su casa de Kusnacht, girando en torno al amor, me quedará grabada para siempre. Sus palabras de que el camino seguido y redescubierto por usted puede ser mejor entendido por los poetas, y solamente por algunos de ellos, son muy ciertas y lo son así porque usted mismo es un grande y verdadero poeta.

En nuestras conversaciones, todo el tiempo, nos estuvo rondando la presencia de la Reina de Saba. Esa Reina que yo había encontrado recientemente, pero que de seguro usted ha conocido antes. Y me atrevo a decirle, querido profesor, que por el hecho de haber hallado en nuestras vidas a esta Reina, la eternidad se nos brindará, más allá de la vida y de la muerte.

En el recuerdo de nuestras Reinas de Saba, que tal vez sean una misma, le hago llegar mi agradecimiento".

El Doctor Jung Prologa "Las Visitas de la Reina De Saba"

El doctor Jung me había dado el impulso, y, de regreso en la India, me entregué de lleno a la labor de continuar mis historias de la Reina de Saba. Ellas se fueron organizando, creándose casi por sí mismas; me hicieron su prisionero. Me parece que, en verdad, alguien me usó, se valió de mí. "Alguien me pescó en sus redes"; muy posiblemente en el mar del Inconsciente Colectivo, o lo que ello venga a significar. Me sentía azotado por un poderoso viento más potente que el monzón, y en las cálidas noches de la India, perfumadas por la *ratkirani*, ese jazmín mortal, con los brazos extendidos, tocando a veces una flauta viejísima, de tiempos remotos, procedente de Ur de Caldea, o de la legendaria Iskandaria, en las estepas del Asia central, trataba de recrear en carne y hueso un ánima mitológica, un sueño de la especie. Pero, al final, lo que vino fue un pie sangrante, la herida de un costado, una Cruz, una Flor sobre la Cruz.

Terminado el manuscrito y vertido al inglés, se lo remití al profesor Jung a Kusnacht, acompañado de la siguiente carta:

"Delhi, 26 de noviembre de 1959.

Querido doctor Jung:

Estoy seguro de que usted será la única persona que podrá

entender bien las páginas que aquí le remito. En cierta forma, estas páginas fueron alentadas por usted, porque se iniciaron con la historia *Las Visitas de la Reina de Saba*, que le entregué dedicada en Locarno, en el pasado febrero. Su comprensión me permitió continuar el trabajo con las historias que aquí van. Le estoy enviando el manuscrito antes de publicarlo en la India. Mi única ansiedad es que usted encuentre un tiempo para leerlo.

Con mis más afectuosos saludos".

* Cerca de dos meses demoró en llegar la respuesta. Decía:

"Kusnacht, 14 de enero de 1960.

Querido señor Serrano:

Le ruego perdonar mi largo silencio. La edad avanzada disminuye el *tempo* de la actividad, y finalmente debí esperar el instante de poder retirarme de las vecindades de la ciudad a la tranquilidad y silencio del campo, donde pudiera escribir una carta sin ser molestado.

Su obra es extraordinaria. Es como un sueño dentro de otros sueños. Altamente poética, diría yo, y lo menos semejante a los productos del Inconsciente a que me encuentro acostumbrado, aunque conocidas figuras arquetípicas sean claramente discernibles. El genio poético ha transformado la materia primordial en formas casi musicales, así como, en otro extremo, Schopenhauer entendía la música como movimiento de las ideas arquetípicas. El factor principal y conformador pareciera ser una fuerte tendencia estética. Consecuentemente, el lector es cautivado en un creciente ensueño, en un espacio que se amplía cada vez más y en una insondable profundidad de tiempo. El elemento cognoscitivo no juega un papel importante, aunque reside en un nebu-

* Ver copia del original en pliego color, lámina G

loso fondo, todavía vivo en la riqueza del colorido de las imágenes.

El Inconsciente –o lo que nosotros designamos con este nombre– se presenta al autor en su aspecto poético, aunque yo lo perciba mayormente en su aspecto científico o filosófico o quién sabe si con más exactitud en el religioso. El Inconsciente es sin duda la *Panmetér*, la Madre de Todo (es decir, de toda la vida psíquica), es la Matriz, el fondo, el fundamento de todos los fenómenos diferenciados que nosotros llamamos psíquicos: religión, ciencia, filosofía, arte. Su experiencia –en cualquier forma que sea– es una aproximación a la totalidad; justamente esa experiencia que se encuentra ausente en nuestra civilización moderna. Es la avenida y la vía regia al *Unus Mundus*.

Con mis mejores deseos para el Año Nuevo.

Suyo afectísimo,

C. G. Jung"[1]

De la carta anterior quisiera destacar especialmente aquel párrafo en que Jung se define a sí mismo, declarando que el Inconsciente "o lo que se designa con este nombre", se le presenta a él con más exactitud en el aspecto religioso.

Mostré esta carta a varios amigos, quienes fueron partidarios de que solicitara de Jung utilizarla como prólogo. Me resistí a ello; no deseaba importunar al profesor. Por otra parte, me decía: "A la sombra de ese enorme árbol no pueden crecer peque-

---

1 - Todas las cartas del profesor Jung se están publicando con autorización de la familia. Próximamente, "Adler" editará en Inglaterra la correspondencia de Jung e incluirá también en la edición las cartas aquí reproducidas.

ñas plantas. No está bien, además, pretender hacer uso de este apoyo. Mi camino debe ser solo, como fue el suyo..."

Por aquellos días visitaba Delhi el historiador inglés Arnold Toynbee, quien almorzó un día en mi casa. Habiéndonos referido a Jung, me contó que fue leyéndole como se decidió a buscar una explicación mítica al nacimiento de la civilización en el mundo. Esto me decidió y, a pesar de que Toynbee dudó al mostrarle la carta de Jung y consultarle su opinión sobre el prólogo, escribí nuevamente al profesor Jung, para solicitárselo. La respuesta no se hizo esperar, como si en verdad él hubiese estado aguardando mi demanda y hubiese escrito expresamente aquella carta para servir de introducción.

* Esta fue su respuesta:

"Kusnacht, 16 de junio de 1960.

Querido señor Serrano:

Le doy las gracias por su carta. Siento vivos remordimientos por no haber encontrado el tiempo y el descanso necesarios para contestar a su otra importante misiva, la cual he recibido hace ya bastante tiempo. En casos como estos, necesito el *Kairos*, el momento preciso, en que me sea posible dar la respuesta apropiada. Pero últimamente he sido interrumpido por muchas cosas, sobre todo por visitantes inoportunos, y la ocasión favorable para escribirle no se ha presentado; pero llevo la carta conmigo con la firme intención de responderla tan pronto como me sea posible y usted la va a recibir, puede estar seguro[2].

---

2 - Mi otra carta, y la respuesta a que el doctor Jung se refiere, se reproducen más adelante, en capítulo separado.

* Ver copia del original en pliego color, lámina H

Ahora bien, refiriéndome a su solicitud, me encuentro feliz de decirle que aprecio grandemente el poder ver mi carta incluida en su libro. ¿Puedo sólo permitirme llamarle la atención sobre un error de máquina? El nombre griego de la Madre de Todo se escribe correctamente *Pammetér* y no *Panmetér*.

Me he enterado, con gran pesar, de que usted ha sufrido un accidente, paralelo, podríamos decir, al terrible desastre que ha asolado a su país. Leemos con horror acerca de la enorme destrucción y las muchas pérdidas de vidas. Parecería que la Madre Tierra se ha entregado a una situación desgraciada similar a la de la humanidad, aunque la mente científica no simpatice con tales coincidencias[3].

Aún no he comenzado mis vacaciones de verano. Me encuentro todavía luchando por abrirme camino en medio de una inundación de trabajo.

Con mis mejores deseos por su pronta mejoría.

Suyo, afectísimo,

C. G. Jung"

3- Jung se refería a los espantosos terremotos que devastaron el sur de Chile, por esa fecha. Respondí al doctor Jung:
"Estoy seguro de que debe existir una profunda relación entre la Madre Tierra y la mente del hombre. A veces pienso que la Tierra es un gran cuerpo, y el hombre algo así como sus células ubicadas en diferentes partes de ese gran cuerpo. Me ha hecho usted pensar cuando me ha escrito que mi accidente es paralelo al terrible desastre que aún se desarrolla en mi país.
La fantástica belleza del paisaje chileno, sus montañas y sus lagos, y la extraordinaria transparencia de su aire en torno a los volcanes, recuerda la belleza de un alma viviendo al borde de los abismos, o a ese halo que envuelve a una niña enferma de tuberculosis, que deberá morir irremediablemente.
Sí, Chile es un punto extraordinario en el cuerpo de la Madre Tierra y mi ser está cosido a ese país. En verdad, soy un hombre del Sur del Mundo..."
(Extracto de una carta remitida a Jung el 27 de junio de 1960.)

Esta es la historia de mi colaboración con el doctor Jung en una obra de símbolos y poesía. Creo que nunca antes, en su larga vida, dio él un prólogo para un trabajo puramente literario. Sus introducciones fueron siempre para trabajos científicos o de investigación, para traducciones como el *I Ching* y *La Flor de Oro*, de Wilhelm, o *Libro de los Muertos*, del Tíbet, y *El Libro de la Gran Liberación*.

Y ahora me pregunto: ¿por qué Jung me dio un prólogo? ¿Sincronismo? O, tal vez, el Círculo Hermético, la *Aurea Catena*, la que no tiene edad...

Cuando el primer ejemplar de mi libro salió de las prensas, se lo envié a Jung con la siguiente dedicatoria:

"Si alguna vez pude dudar de la intervención de fuerzas ocultas en este mundo, el hecho de que usted me haya dado este prólogo a *Las Visitas*... es una prueba de la existencia de estas fuerzas y es también una *visita* más de lo desconocido y del misterio en el cual iremos unidos –aunque quizás ya lo estábamos– por voluntad de Alguien que también desconocemos, pero que nos *conoce*.

Con agradecimiento y admiración.

Delhi, domingo 21 de agosto de 1960".

Con Arnold Toynbee

Como he escrito, por esa fecha visitaba la India el historiador Arnold Toynbee. Dio varias charlas en Delhi, invitado por el Indian Council for Cultural Relations, en un seminario dedicado a la memoria de Maulana Azad.

Toynbee se refirió a la necesidad de una religión universal, a una suerte de sincretismo en que todos los grupos religiosos del mundo conviviesen lado a lado.

En nuestras conversaciones, Toynbee me contó que en Zurich había tomado parte en la celebración del cumpleaños de Jung, hablando por radio con tal motivo. Pero Toynbee no había visto al profesor.

Como se sabe, a Toynbee le preocupa el hecho de que, habiendo existido el hombre por más de un millón de años sobre el planeta, la civilización sólo comience hace cinco mil años. ¿Por qué? ¿Qué la hizo posible? ¿Por qué no antes? La hipótesis junguiana de los arquetipos y de la universalidad del Mito ha dado a Toynbee un derrotero. Me explicó:

—Quizás algún jefe de tribu tuvo un sueño que se apoderó de él. Fue poseído por un Mito, por un Arquetipo, por una visión, y su estremecimiento se transmitió a toda la comunidad.

La religión sería, de este modo, el motor histórico, para Toynbee. En verdad, es ella la que evoluciona en sus manifestaciones o vestiduras de imágenes eternas, aun cuando la envoltura externa, visible, de la Historia, se repita, como lo afirmara Spengler. Hoy, las condiciones aportadas por la supertécnica y el automatismo, de los cuales Toynbee es partidario, hacen posible una religión de tipo universal, según él. En todo lo cual me parece ver una explicación demasiado racional y hasta un tanto simplista.

Pregunté a Toynbee sobre su concepción del Arquetipo. Y me dijo:

—El Arquetipo de Jung está muy distante de tener nada en común con la Idea platónica. Es un fenómeno natural, o que se atribuye a la Naturaleza... Pero hay algo en Jung que nunca he podido entender: su hipótesis del sincronismo. ¿Qué es el sincronismo?

Luego hablamos del momento histórico, del Asia y de Europa. Toynbee también ha visitado varios países de nuestra América, interesado por las civilizaciones precolombinas.

—Creo –dije– que el Occidente camina hacia el redescubrimiento de los valores del alma, tal como el Oriente hoy experimenta la sugestión de la técnica y de una civilización puramente extravertida.

Quise referirme a las posibilidades que el hombre blanco tendría de sobrevivir ante el desborde del océano inmenso del color.

—El hombre blanco debería sumergirse como el nadador frente a la ola monstruosa, para tratar de emerger al otro lado. Ahora debería silenciarse para dejar hablar a las razas de color. Deberá, mientras tanto, estrechar un círculo, robustecer una cadena, para conservar un posible legado. Sólo de este modo podrá apaciguar el justo deseo de venganza del océano embravecido, ocultándose un instante para poner un bálsamo sobre las heridas aún vivas de las razas que fueran dominadas. Preservará el legado si redescubre el Mito y la leyenda. La acción exterior es completamente innecesaria cuando la mente es como una radio que transmite y recibe, aun en la más total soledad, en el aislamiento más absoluto. Nada se pierde. El verdadero camino es el de la magia, el trabajo para la perfección individual. En el mundo de masas que se impone, se necesitarán más que nunca individualidades fuertes, que lo polaricen y equilibren la tensión... Creo que el Oriente, que la India, han agotado su camino de introversión, aquí ya no dan resultado la yoga, la meditación, la concentración, porque el Inconsciente Colectivo de este mundo pareciera haber agotado esa ruta. El Oriente sale al exterior, los swamis y los yoguis, los hombres santos del Oriente siguen en esa postura casi por velocidad adquirida, dentro de normas estereotipadas que no conmueven ya sus fibras hondas. La visión de una máquina fotográfica despierta en ellos mayores entusiasmos y pone en movimiento fuerzas psíquicas más poderosas que la aparición en carne y hueso del dios Vishnú... En cambio, el camino de la antigua magia, su técnica arcaica, tiene un fascinante poder sobre el hombre blanco agotado por la técnica, conmoviéndole y pudiendo cambiar su vida entera... El péndulo ha variado su posición...

Así hablaba yo esa tarde frente al profesor Toynbee. Él escuchaba con esa extraordinaria bondad que emana de su persona, y su cabeza blanca se perfilaba en el crepúsculo, en contra del cielo puro del verano de la India. No estoy seguro de que él compartiera mis pensamientos, los que en verdad yo dejaba surgir, sin sentirme responsable por ellos, siguiendo un poco la técnica del pensar hindú que me fuera explicada por Jung.

Hojeamos con Toynbee un libro de Jung que analiza los problemas del mundo actual, *The Undiscovered Self* ("El Sí-Mismo Indescubierto"), y leímos algunas de sus páginas, bajo los árboles de mango.

"Delhi, 24 de febrero de 1960.

Querido doctor Jung:

Ayer almorcé con el profesor Arnold Toynbee y me dijo que recientemente había estado ⟨ ⟩ Suiza para la fecha de su cumpleaños. Lamento no haberlo sabido a tiempo para haberle hecho llegar mis felicitaciones. Acéptelas hoy, aun cuando tarde.

Me encuentro leyendo su libro *The Undiscovered Self*. Conversamos sobre él con Toynbee, quien ha dictado aquí unas interesantes conferencias sobre "La Civilización Universal" y "Una Religión Mundial", etcétera. Siguiendo mayormente sus ideas, he dicho a Toynbee que quizás sería mejor para los occidentales retirarse entre bastidores y dejar a los otros el campo de la acción, desde que la tarea más importante para el mundo cristiano sería tratar de preservar la individualidad, la *persona*, la cual es una flor delicada que se encuentra en peligro de desaparecer. Le dije que para conseguir polarizar la masa y la cantidad, se hacía necesario crear la calidad. Y esto sólo podrá realizarse reviviendo y revitalizando los símbolos; una tarea solitaria.

Pienso que en este camino, hoy en día, usted es la única luz. Esto se verá mejor en el futuro. Pero no estoy cierto. También los artistas, quienes trabajan hoy con los símbolos, se esfuerzan por algo aparecido, pero inconscientemente, me parece.

Con mis más afectuosos saludos".

"Kusnacht, 31 de marzo de 1960.

Querido señor Serrano:

Le agradezco su interesante carta, y estoy totalmente de acuerdo con usted en que aquellas personas que en el Occidente tienen la visión y la necesaria voluntad deberían preocuparse más de ellas mismas y de sus almas que de predicar a las masas o tratar de encontrar el mejor camino para estas. Si lo hacen así,

114

C. G. JUNG

KÜSNACHT-ZÜRICH
SEESTRASSE 228

March 31st 1960

Excellency
[Mi]guel Serrano, Ambassador of Chile
[Embass]ia de Chile
[...]thvaraj Road
[...]i

India

[Dear Mr.] Serrano,

[Thank] you for your interesting letter.

[I] agree with you that those people in our Western world who have insight and
[ski]ll enough, should concern themselves with their own "soul", more than with
[preach]ing to the masses or trying to find out the best way for them. They only do it,
[because] they don't know it for themselves. But alas! it is a sad truth that usually
[those who] know nothing for themselves take to teaching others, in spite of the
[fact] they know that the best method of education is the good example.

[The] modern art is trying it's best to make man acquainted with a world full of
[evil?], but alas! the artists themselves are unconscious of what they are doing.

[The ve]ry thought that mankind ought to make a step forward and extend and refine
[consci]ousness of the human being, seems to be so difficult that nobody can understand
[it or others] that nobody can make up his courage. All steps forward to the
[improvem]ent of the human psyche had been payed by blood.

[I am fi]lled with sorrow and fear when I think of the means of self-destruction which
[are used] by the impotent powers of the world. Meanwhile everybody teaches every-
[body an]d nobody seems to realize the necessity, that the way to improvement begins
[with]in himself. It is almost too simple a truth. Everybody is on the look-out for
[organi]sations and techniques, where one can follow the other and where things can be
[done] safely in company.

[I shoul]d like to ask Mr. Toynbee: where is your civilisation and what is your religion?
[The] ways to the masses will remain - I am afraid - sterile, unless it has become
[a word?] real in himself. Mere words have lost their spell to an extraordinary ex-
[tent,] they have been twisted and misused for too long a time.

[Lo]oking forward to your new book with great interest!

Hoping you are always in good health, I remain
                        yours sincerely

                        C. G. Jung.

*Carta del profesor Jung refiriéndose a Toynbee y a su idea de una
religión universal o una síntesis de las religiones mundiales.*

es porque no conocen el camino para ellas mismas. Desgraciadamente, es una triste verdad que, por lo general, quienes no saben nada de sí mismos se dedican a predicar al resto, a pesar de que conocen que el mejor método de educar es con el buen ejemplo.

Sin lugar a dudas, el arte moderno se esfuerza al máximo para tratar que el hombre se familiarice con un mundo lleno de oscuridad; pero, por desgracia, los artistas mismos son inconscientes de lo que hacen.

El solo pensamiento de que la humanidad debe dar un paso adelante, extendiendo y reafirmando la conciencia del ser humano, pareciera ser tan difícil que nadie lo entiende; es más, lo aborrece y carece del coraje suficiente. Cada paso adelante en el progreso de la psiquis humana ha debido pagarse con sangre.

Me lleno de tristeza y miedo cuando pienso en los medios de autodestrucción que son atesorados por los importantes poderes del mundo. Mientras tanto, todos predican a todos y nadie parece comprender la necesidad de que el camino del mejoramiento comienza directamente en uno mismo, aun cuando es una verdad tan simple. Todo el mundo anda en busca de organizaciones y técnicas donde cada uno pueda seguir al otro y donde las cosas puedan ser hechas en compañía y sin peligro.

Me gustaría preguntarle a Toynbee: ¿Dónde está su civilización y qué es su religión? Lo que él les dice a las masas será estéril, me lo temo, a menos que haya llegado a ser verdad y realidad en él mismo. Las meras palabras han perdido su poder en una considerable parte, porque han sido mal empleadas y distorsionadas por demasiado tiempo.

Esperando que usted se encuentre ahora bien de salud quedo sinceramente suyo,

C. G. Jung"

Correspondí a esta importantísima carta del doctor Jung con una bastante extensa que me valió, a su vez, una respuesta de más de diez páginas manuscritas, del gran hombre. A causa de la fecha en que él lo hiciera –pocos meses antes de su muerte–, y lo fundamental del tema, para mí constituye algo así como su testamento ideológico, debido a lo cual reproduzco ambas cartas, en su totalidad, un poco más adelante. Era a esa carta suya a la que Jung se refería en su comunicación del 16 de junio de 1960.

Recibo la Última Carta
del Doctor Jung

En septiembre de 1960 debí viajar a Chile y, de paso por Zurich, deseé visitar nuevamente al profesor Jung. La señora Aniela Jaffe me informó que se encontraba bastante enfermo y en cama, debido a lo cual no me sería posible verle. Me contó que hasta el día anterior se hallaba trabajando en la respuesta a mi carta, la que estaba aún inconclusa. Sin embargo, me aconsejaba tomarla así. La señora Jaffe se encargaría de que el doctor Jung la firmara en su lecho. Me invitó a tomar el té en su departamento de Zurich, al día siguiente, para hacerme entrega de la carta del profesor.

Recorrí la vieja ciudad de Zurich. Almorcé en un restaurante junto a la Catedral, con su monumental reloj y un árbol inmenso creciendo en su patio frontal. La potencia de este árbol es como la fuerza invencible de la Historia, y su tronco como un surtidor de energía proyectada por las entrañas de la tierra, endurecido al contacto con el aire, fuerza oscura que hace que los mitos regresen a través de las edades. Hay allí cerca un balcón florido en primavera, seco, desamparado como un desierto, junto a las nieves del invierno.

En este lugar se halla también una casa, en la que habitó Goethe. El Deán de la Catedral, Johann Kaspar Lavater, muerto n 1801, era su amigo. Se encuentra allí su tumba. Goethe visitó stos lugares en 1779, y, con su amigo Lavater, recorrerían estas alles, quizás conversando del Fausto y de los alquimistas. Des- e joven, Jung ha sentido una gran afinidad con Goethe y existe na leyenda en su familia sobre un parentesco a través de hijos aturales del gran poeta.

Inmóvil allí, contemplaba la torre del reloj, el balcón y la pla- oleta. Era un tiempo solitario, las cosas estaban como deteni- as en el espacio. Nadie transitaba en ese instante. Un gato apa- eció, marchando pausadamente, y fue a pararse bajo el balcón. e oyeron unos pasos y un hombre irrumpió. Venía caminando través de una de las callejas y entró en la plaza, aumentando on su presencia el estatismo, al vérsele recortado en contra del scenario y los objetos, irremediablemente solo, aislado del con- orno, sin la Catedral, sin la plaza, sin el mundo, sin Dios.

Entonces recordé otra escena lejana, allá en Oriente, en la iudad de Patan, vecina a Katmandú, en el Nepal; también en na plazoleta, en un día de sol frío. Los edificios con sus techos urvados hacia arriba se destacaban en el fondo de nieves. Esta- uas doradas, maderas talladas en colores violentos, escenas de mor esculpidas en los muros; en los amplios patios, en los tem- los y callejuelas se amontonaba el grano profuso, amarillo, so- ar. De pronto, una mujer cubierta de negro entró por una de las alles, desembocando en la plaza. Lloraba a gritos, destemplada- nente. Sus lamentos cruzaban la mañana clara de esa lejana ciu- ad perdida.

Y ahora comparaba: aquello, lo de Oriente. Esa mujer, pese a u bullicioso llanto, era parte del paisaje, no existía, era un fan- asma de la mente colectiva, de la Historia, de la leyenda; sin em- argo, se conectaba a una tradición, al alma caliente de los mi- os, a la sangre de sus dioses. Pero esto de aquí, en Europa, en

119

Suiza, en la vieja Zurich, era una visión desolada. Un hombr
con las manos en los bolsillos de su abrigo, recortado, despega
do de todo, aparte, sin contacto con su propio paisaje, con la pla
za o la Catedral. Era la imagen del desamparo: la *persona* y s
miedo a la muerte. Una imagen de papel recortada con tijeras d
un periódico matinal, que al mediodía ya ha dejado de existi
que ya ha pasado de moda.

Sin embargo, en todo esto había una innegable belleza, prc
funda, delicada, dramática: en la Catedral, en la plaza, en el bai
cón, en el gato y en el hombre. Era la belleza, el drama de lo in
dividual, de lo perecedero y su ansia de eternidad.

Esa noche me encontré con unos discípulos de Jung y junto
consultamos el libro varias veces milenario de los horóscopos d
China, el *I Ching*, o *El Libro de los Cambios*. Como se ha dicho
este libro fue dado a conocer por Wilhelm y ha sido incorporad
al acervo cultural vivo del hombre moderno por las prácticas de
método de Jung, mediante su descubrimiento de la ley acausa
del sincronismo, hipótesis que se basa en la correspondencia en
tre el mundo de la realidad objetiva y el alma del hombre, de mo
do que ambas se interinfluencian, modificándose. El alma, er
ciertos instantes de gran tensión, de amor arrobado o de odio
influye sobre la realidad llegando, por así decirlo, a "modificar e
curso de los astros". Jesús decía: "La fe mueve montañas". Y Os
car Wilde: "La naturaleza imita al arte". Del mismo modo, los as
tros influyen sobre el destino, las decisiones y los "cambios". Er
sentido profundo, el destino radica en lo Insconsciente, pues es
te es la Madre de Todo, quizás hasta el mismo cielo con sus cons
telaciones se incluya allí. El romano antiguo que tropezaba "in
conscientemente" al salir de su casa, se volvía y no realizaba ese
día sus quehaceres. Jung se ha referido al sincronismo en un li-

ro titulado *La Interpretación de la Naturaleza y de la Psiquis*, escrito en colaboración con el sabio W. Pauli.

El mundo externo es percibido por nosotros a través de nuestros sentidos, y aquello que no se ha visto, como el núcleo del tomo, los protones, los electrones, ha sido en cambio concebido *a priori* por la mente, *adivinado* o –¿por qué no decirlo?– *inentado*. Luego, la realidad se conforma exactamente a aquello ue la mente del hombre concibe y vienen, entre otras cosas, la omba atómica y la explosión, al extremo que hasta se podría ecir que lo que explota es una *idea*.

Nunca se podrá saber qué es *la realidad en sí*, ya que, aun a ravés de los complicadísimos instrumentos mecánicos y técnicos, el que al final mira, ve y calcula es el hombre que los ha onstruido a imagen y semejanza de su instrumento último: su nente terrestre. Podría hasta afirmarse que con tesis contrarias, ompletamente opuestas a la teoría de la relatividad, también se abría llegado a la desintegración del átomo, como lo prueba el echo de que los alemanes horbigerianos también produjeron la omba atómica. En verdad, toda teoría, toda concepción no es nás que una *hipótesis de trabajo* y la realidad última nos será iempre inaccesible. Lo que cuenta, en todo caso, tanto en las iencias como en los otros "fenómenos diferenciados", sería una ealidad arquetípica, perteneciente al alma y que, en un momeno histórico, o en una constelación determinada, se impone a la ealidad inaccesible, o la crea, a menudo por caminos opuestos, on diferentes "hipótesis de trabajo" y aun sin importarle estas, narcando sus urgencias misteriosas. Arquetípicas serían entones la bomba atómica, la desintegración del átomo y la Tríada (el úmero "Tres") que hoy reaparece en el ateísmo comunista con Marx, Engels y Lenin, tal como lo hiciese en el Padre, el Hijo y l Espíritu Santo; en Brahma, Vishnú y Shiva.

121

Por esto la Magia no ha perdido nunca su fuerza esencia desde que es posible actuar sobre la "realidad" debido a la co rrespondencia existente con el alma, por la ley acausal del si cronismo y porque, cuando el alma se halla en tensión extrem; "enamorada", crea las condiciones "milagrosas" para la transfo mación, o transfiguración.

Sentados en el suelo del departamento de un hotel, consult; bamos el antiquísimo libro. El *I Ching* deberá ser abierto só cuando la respuesta no haya sido alcanzada por otros medios; e caso extremo, por así decirlo. Y esta era mi situación, pues l consultaba si había llegado mi hora de dejar la India.

Y la respuesta del *I Ching* fue que, "para no estancarme, de bería arriesgar el cruce de las grandes aguas".

De nuevo *El Libro de los Cambios* revelaba su sabiduría. Y debía partir, para armonizar el alma y poder así un día alcanz; a *ver* "mi" Oriente desde afuera, con la necesaria perspectiva.

Aniela Jaffe es delgada, grácil, con un rostro sensitivo y mɛ nos finas. Conversamos largamente. Gozaba de la atmósfera d retiro de su pequeño departamento, dejándome ir, casi sin per sar. Por la ventana de su cuarto se veía el patio de un convento Allí caminaban unas monjas. Aniela Jaffe ha venido a ser para ɛ doctor Jung lo que Eckermann fue para Goethe. Ha hecho que ɛ doctor terminara su Autobiografía, obra fundamental, publicad después de su muerte, en la que muchas claves de sus pensɛ mientos han sido reveladas.

Con afecto y agradecimiento sinceros, contemplaba a est mujer, ligada a mi vida por haberme ayudado a relacionarm con el profesor Jung.

Esa tarde, Aniela Jaffe me hizo entrega de un documento de in calculable valor: las diez páginas manuscritas del profesor Jung.

Texto de las Cartas

Transcribo a continuación las dos cartas. Incluyo la mía únicamente porque fue la que motivó la última que recibí del doctor Jung, escrita originalmente en inglés e inconclusa a conse-
cuencia de su enfermedad. Se temía un fatal desenlace; sin embargo, Jung vivió hasta el 7 de junio de 1961. Su carta fue firma-
da el 14 de septiembre de 1960. Como él mismo lo confesara, demoró más de un mes en escribirla.

"Nueva Delhi, 7 de mayo de 1960.
Querido doctor Jung:
Su última carta ha sido de una gran importancia para mí y se
la agradezco mucho. ¡Cuánta verdad hay en lo que usted dice!
Sin embargo, no todos comprenderán. Pensarán que es imposible encontrar solución a los problemas actuales aislándose para
perfeccionarse a sí mismos. Dirán: ¿y el hambre, y la miseria, y
los pueblos subdesarrollados y las masas? Y afirmarán que es in-
dividualismo, que es criminal egoísmo pretender perfeccionar al
individuo en estas circunstancias. Pero, en verdad, ellos desco-
nocen el trabajo de la mente. La mente trabaja como un *tape re-
order* o como una radio que emite y recibe ondas. Recuerdo haber oído una vez una historia: los ángeles pidieron a Dios que
destruyese el mundo, pues los hombres habían llegado al límite

de la maldad. Pero Dios les indicó un perdido rincón de la Tierra en donde oraba una niña. Y Dios dijo: "Por ella no destruyo el mundo". Esa niña, sin embargo, no hacía más que orar. Y esa niña sostenía el mundo. En una palabra, el mundo se cambia desde el Inconsciente. Y para modificar el Inconsciente, con la colaboración o la ayuda de la mente consciente, no sirven la voluntad o el simple deseo, la acción racional, la actividad externa. El camino es otro, es el antiguo camino de la magia, de la Alquimia, la legendaria actitud. La India, que ha vivido tanto en esta postura, la ha agotado ya y no obtiene más resultados por ese camino. Es así tal vez para todo el Oriente y los pueblos de color. En cambio, el Occidente ha agotado la posición racional; insistiendo en ella, sólo producirá desgracia para sí mismo y para el mundo. Se hace necesario un cambio. Por eso le decía al profesor Toynbee que era mejor para el hombre blanco occidental retirarse entre bastidores y dejar a los otros hacer por ahora el trabajo externo, el de la política, el del mundo en general. No hay posibilidad de contrarrestar la lógica aplastante del marxismo del materialismo histórico, dentro de la dialéctica racionalista, como no hay posibilidades de probar la inmortalidad del alma o su existencia, racionalmente. La evidencia de esto último se halla en otro sitio, en otras fuentes que no dependen de la razón. Por lo demás, dentro de la razón no hay evidencia posible. Lo que hoy es cierto, mañana no lo es. Es un mundo inestable por antonomasia. Los indios, que piensan pensamientos distintos procedentes de fuentes no racionales, carecen, por lo mismo, de la lógica racional consistente de los occidentales. Pero ahora están empezando a cambiar y tendrán que aprenderla, quizás. El Occidente, en cambio, tendrá que aprender a ser ilógico. Es la única manera de poder combatir al comunismo, al estatismo y a la esclavitud de la persona.

Por otra parte, la verdad es que no hay verdades absolutas y que todo es creación. Wilde decía que 'la naturaleza imita al arte'. Y tenía razón, en el sentido de que la naturaleza se conforma a la voluntad que emerge del Inconsciente. Desde el lagarto que mimetiza su cuerpo hasta la mujer que adapta su forma física a la idea de la moda, a la idea de la belleza predominante en el momento. Una fe, una creencia sostenida y repetida pueden llegar a hacerse realidad. No es que la idea marxista, que las leyes de *su* evolución económica sean ciertas. Pero si se creen y se repiten sin encontrar la oposición de una creencia más poderosa, o tan sólo distinta, entonces se cumplirán, por la voluntad tenaz detrás de la idea. Quizás no existan leyes, ninguna ley en el mundo, y sólo exista la fe, la 'idea' de que existen. Y es esto lo que las hace posibles.

En principio, tal vez Toynbee tenga razón cuando afirma que la historia puede cambiar si el hombre encuentra la réplica al desafío que esta le presenta y que hay que usar la propaganda como un medio para modificar las mentes. Él también cree en el poder de la mente. Pero donde se equivoca es al pensar que ello se pueda hacer conscientemente, racionalmente. En ese sentido, lo harán siempre mejor los comunistas. Y el producto será diabólico en el Occidente y en todo el mundo actual, por el hecho de que se está insistiendo demasiado en una posición psicológica sin respeto por las demás 'instancias' (¿*chakras*?). Sin compensación natural, sin totalidad, como usted dice. El único camino sería el indicado por usted, quizás, para salir del paso: el trabajo en la revivificación de los símbolos, tratando de encontrar nuevamente el lazo perdido, cortado, entre la Ciencia y la Alquimia, o, mejor dicho, entre la Ciencia y el Alma; porque bien podría ser también la ciencia una *proyección*, un símbolo. En su aspiración a la unidad del cosmos y en su deseo de explorarlo entero se estaría expresando nuevamente el ansia del hombre por la totalidad.

En todo caso, el camino ahora debería ser hacia adentro para el cristiano, en busca de su alma desgarrada, para transformarse en un mago que no use más la palabra, el verbo, sacrílegamente. Porque la palabra, como bien dice usted, ha perdido su poder. El verbo ya no crea mundos. El mago no debe hablar; sólo debería hacer gestos, o tan sólo pensar, emitir pensamientos desde el Inconsciente, capaces de transformar el mundo. Esto es lo más difícil, como usted señala, y ya nadie tiene valor para intentarlo. Con tal de evitarlo aquí en la tierra, el hombre está dispuesto a escaparse a otros planetas, al cielo, hacia la muerte y la destrucción atómica. Porque esto es más fácil.

Pero es tremendo este trabajó por alcanzar la totalidad, querido doctor Jung. Es un camino tan difícil... Siento, desde siempre, desde hace muchos años, que el hablar, que el escribir, no conducen a nada, fuera de a la dispersión. Que el *hacer* es contrario al *ser*. Y, sin embargo, he seguido escribiendo. Krishnamurti predica que no hay que seguir a un Maestro, que no hay que pretender reformar al mundo, que se debe estar *quieto*. Pero él continúa dictando conferencias a través del mundo. Le pregunté: '¿Y usted, por qué habla?' Me dijo: 'Lo hago tal como la flor da un perfume. La flor no sabe por qué. Es su expresión natural'. Insistí: '¿Y siente placer al hablar?' Me respondió que no, que se cansaba un poco. Y la flor, ¿se cansa cuando emana su perfume?

Todo anda mal, algo anda muy mal en todos lados y en todos nosotros. ¿Serán los signos del Apocalipsis? ¿Tendrían razón los sabios hindúes con su teoría de los 'Kalpas'? ¿Estaremos a las puertas de un nuevo hundimiento de la Atlántida? El Sembrador habría tirado las semillas y un número fijo y calculado habría fructificado ya. Las demás no sirven. Se pasa ahora el arado y se dejará reposar a la tierra hasta la nueva gran siembra.

El arduo camino para el cristiano del presente ha sido señalado por usted, redescubierto. ¡Cuán difícil era reencontrar la senda perdida! Por eso Hermann Hesse estaba en lo cierto cuando me decía que usted era una montaña gigantesca. ¡Y cuán incomprendido es! Me atrevería a decir que lo es aun por sus propios seguidores.

Recuerdo que cuando le pregunté en Locarno por los *chakras*, usted me dijo que los *chakras* eran 'centros de conciencia'. Y me los describió con sus nombres sánscritos. Sin embargo, poco después, conversando con la doctora Jacobi sobre lo mismo, ella me decía que los *chakras* no eran centros de conciencia sino de energía. Pero yo sé, por experiencia, que usted está en lo cierto, porque descubro en mi cuerpo zonas de conciencia distintas, de conocimiento aparte. A veces, en las mañanas, al despertar, presiento que mis sueños vienen de diferentes regiones de mi cuerpo. Algunos se han originado en las rodillas, por ejemplo, y no han terminado aún de producirse cuando despierto. Allí siguen vibrando, y si no interrumpo el proceso con mi mente racional, imágenes producidas por mis rodillas, o guardadas en ellas, se deslizarán como un río hacia la conciencia, o hacia la luz del día. Otras verdades como estas pueden proceder del vientre o del corazón. Por eso es por lo que un ser total, totalmente consciente, en todos sus *chakras*, deberá ser redondo, como el *ser* de los alquimistas y también como un astro o un planeta.

Todo es cuestión de aprender a escucharse, porque en uno hay zonas que saben mucho más de lo que en verdad uno cree saber. Mi rodilla sabe más, o sabe otras cosas, de las que conoce mi cabeza.

Y así, oyendo, escuchando, podríamos quizás alcanzar hasta

ese centro que, como usted dice, parece que no existe, parece como que fuera creado, inventado por nosotros mismos; pero que, sin embargo, nos envuelve, nos domina, al extremo de que sin él no somos nada. Sin él somos "muertos que entierran a sus muertos". Es ese un hijo nuestro, que también es el padre. El Hijo que es el Padre. El Sí-Mismo.

Doctor Jung, en su larga experiencia, ¿ha encontrado alguna vez a alguien que se haya transformado, cambiando el centro de su conciencia, alcanzando el Sí-Mismo, gracias a una técnica, ya sea esta la suya propia? Personalmente, no lo creo posible. Me parece que esos seres distintos nacen así. En el otro extremo se encuentra la revelación; pero aun ella me parece inferior al producto natural, al nacimiento. Quizás sea esto aquello que los indios llaman "karma" (un "karma" colectivo) y reencarnación. Quizás si su esfuerzo, su trabajo, y el mío, rindan sus frutos en alguien que va a nacer en el futuro. El esfuerzo de hoy obtiene así sus frutos. Y quizás si ese alguien seamos nosotros mismos. Sin embargo, siendo el tiempo una ilusión, los resultados de nuestros esfuerzos son también instantáneos.

Con mi más sincero afecto.

P. D. La gema gnóstica en el anillo de su dedo deberá ser dada por usted, doctor Jung, solamente a quien vaya a continuar su trabajo, a recibir su mensaje. Ese mensaje que también viene transmitiéndose desde una zona sin tiempo".

"Kusnacht, 14 de setiembre de 1960.

Querido señor:

Su carta del 7 de mayo de 1960 es tan amplia, que no sé por dónde empezar a contestarla. El camino que yo propondría para una solución de nuestros problemas contemporáneos es en realidad el proceso al que me he visto forzado como un individuo moderno que se enfrenta con la insuficiencia social, moral, intelectual y religiosa de nuestro tiempo. Reconozco el hecho de que sólo puedo dar una respuesta parcial: la mía, la cual, por cierto, no es universalmente válida, pero que tal vez sea suficiente para un número restringido de individuos contemporáneos. Especialmente cuando mi posición principal no es más que esto: 'Sigue aquella voluntad y aquel camino que la experiencia te confirma como tuyo y que es la verdadera expresión de tu individualidad'. Como ninguna persona puede llegar a ser consciente de su individualidad, a menos que se encuentre estrecha y responsablemente relacionada con sus semejantes, tal persona no se retirará a un desierto egoísta cuando está tratando de encontrarse a sí misma. Solamente puede descubrirse a sí misma cuando se encuentra profunda e incondicionalmente relacionada con algunos y generalmente con muchos individuos con los cuales ella tendrá una posibilidad de compararse y de conocerse. Si alguien, en un supremo egoísmo, se retirase a la soledad del monte Everest, descubriría lo suficiente acerca de las amenidades de esas solitarias alturas, pero nada sobre sí mismo; es decir, nada que ya no supiera antes. El hombre, en general, se encuentra en esta situación a causa de que es un animal dotado de capacidad de introspección, pero sin la posibilidad de compararse con otras especies o animales igualmente equipados de conciencia. Es un animal superior, exiliado en un pequeño punto planetario de la Vía Láctea. Esta es la razón por la que no se conoce a sí mismo; se encuentra cósmicamente aislado. Solamente puede declarar con seguridad que no es un mono, un pájaro, un pez ni un árbol. Pero lo que es positivamente, permanece oscuro. La humanidad de hoy día sueña con comunicaciones estelares. Si nosotros pudiésemos comunicarnos con la población de

129

Carta de extraordinaria importancia, escrita por el profesor Jung poco
antes de su muerte y que viene a ser algo así como su testamento ideológico. Esta carta fue escrita enteramente a mano por el profesor Jung.
mientras permanecía en cama. (Id. págs. 131/9.)

...a distance to compare ... are from which he is able to discriminate himself. If somebody in supreme egoism should withdraw to the solitude of Mt. Everest, he would discover a great deal about his ascension to this lofty abode but as good as nothing about himself, i.e. nothing he could not have known before. Man in general is in such a situation, in so far as he is an animal gifted with selfreflection, but without the possibility of comparing himself to any other species of animal equally equipped with consciousness. He is a top animal exiled on a tiny speck of planet in the Milky Way. That is the reason why he does not know ... (he speculates only in the abstract). He only can state with certainty, that he is no monkey, no bird, no fish and no tree. But what he positively is, remains obscure. Mankind of today is dreaming of interstellar communications. Could we contact the populations of another star, we might find a means to learn something essential about ourselves. Incidentally we are just living in a time, where homo hominis lupus threatens to become an awful reality, and where we more than ever need to know ourselves. The science fiction about traveling to the moon or Venus and Mars and the one about flying saucers is childish of a kind, but now the...

... to learn a new physical
... experiences ... beyond ... The philosophers and Psychologists of
the XIX and XX Centenary have tried to pro-
vide a terra nova in ourselves, that is the
Unconscious. This is indeed a Discovery, which
could give us a new orientation in many
respects. Whereas our fictions about Mars-
men and Venusians are based upon nothing
but mere speculations, the Unconscious is
within the reach of human experience. It
is almost tangible and thus far more or
less familiar to us, but on the other side a strange
existence difficult to understand. If we may
assume that, what I call archetypes is a veri-
fiable hypothesis, than we are confronted
with autonomous animalia gifted with a
sort of consciousness and a psychic life of
their own, which we can observe, at least
partially not only in living man, but also
in the historic course of many centuries. Whether
we call them Gods, Demons or Illusions, they
exist and function and are born anew with
every generation. They have an enormous in-
fluence on the individual as well as collective
life and despite their familiarity they are curiously
non-human. This latter characteristic is the reason
why they were called Gods and Demons in the
past and why they are understood in our ...

... predicted such two times in his ... Wotan. As only certain individuals ... are ... of it ... and of accepting ... which it is most unlikely, that everybody ... pay attention to the statement of a ... voice, that Wotan is live again. They would rather fall headlong into the trap.

Since we are largely cut our book and the actual conditions of our religion do not offer an efficacious answer to the world situation in general and to the "religion" of communism in particular, we are very much in the same predicament as the prenational socialistic Germany of the Twenties, i.e. we are apt to undergo the risk of a further, but this time world wide evolution experiment. Its means mental epidemic and war.

One does not realize yet, that, when an archetype is uncannily constellated, not and not consciously understood, one is possessed by it and forced to its fatal goal. Wotan then represents and formulates our ultimate principle of behaviour, but this obviously does not solve our problem.

2   The fact that an archaic god expresses and formulates the denominant of our behaviour means, that we ought to find a new religious attitude, a new realization of our dependence upon superior

dominants. I do not see how that could
be possible without a renewed self-understanding of man, which unavoidably has
to begin with the individual. We have the
means to compare Man with other psychical animals and to give him a new
definition. We can see him in a new setting
which throws an especial light upon his existence, namely as a being, operated by and
maneuvered by archetypal forces instead
of his free will ~~which is~~ that is this arbitrary
egoism are no limited consciousness. He
should learn, that he is not the master in
his own house and that he should carefully
study the other side of his psyche at world,
which isn't the true ruler of his fate.

I know this is merely a ~~provision~~
the fulfillment of which demands certain
ties, but in our own time at least a few individuals, who understand, what the ~~Men~~
real task consists of, and keep its track
for future generations and a time, where
the insight has reached a ~~far~~ deeper and
more general level. First the way of a few
will be changed and in a few generations
there will be more. It is most unlikely,
that the general mind within this or even
in the next generation will undergo a no-
ticeable change, or the present Man seems
to be quite incapable to realize that & under

a certain aspect he is a stranger to himself. But whoever is capable of such insight, no matter how isolated he is, should be aware of the law of synchronicity as the old Chinese saying goes: the right man sitting in his house and thinking the right thought, will be heard in a 100 miles distance."

Neither propaganda nor exhibitionist confession are needed. If the archetype, which is universal, i.e. identical with itself always and everywhere, is properly dealt with in one place only, it is influenced as a whole, i.e. simultaneously and everywhere. Thus an old alchemist gave the following consolation to one of his disciples: "No matter, how isolated you are and how lonely you feel, if you do your work truly and conscientiously, unknown friends will come and seek you."

It seems to me that nothing essential has ever been lost, because its matrix is ever present with us and from this it can and will reproduce if needed. But only those can recover it who have learned the art of averting their eyes from the blinding light of current opinions and close their ears to the noise of ephemeral slogans.

You rightly say with Multatuli, the Dutch Philosopher: "Nothing is quite true" and should add with him, "But even this is not quite true." The intellect can make the profound statement, that there is no absolute truth. But if somebody loses his money, his money is lost and this is as good as an absolute truth, which means, that he will not be consoled by the intellectual profundity. There is a thing like convincing truth, but we have lost sight of it, owing the loss mostly to our gambling intellect, to which we sacrifice our moral certainty and gain thereby nothing but an superiority complex, which — by the way — clearest [?] Western politics.

To be is to do and to make. But as our existence does not depend solely upon our ego-will, thus our doing and making depends largely upon the imminents [?] of the unconscious. I am not only willing out of my ego, but I am also made to be creative and active and to be quiet is only good for someone, who has been too or perversely active. Otherwise it is an unnatural artifice, which unnecessarily interferes with our nature. We grow up, we [?] in we will and death is ultimate quietude & so it runs. But much depends upon the spirit i.e. the meaning or significance, in which we do and make or — with one word — we live. This spirit expresses itself or manifests itself in a truth, which is inevitably one &, namely convincing to the whole & impresses in spite of the mind, that the intellect in its [?]

ramblings will continue forever with its "But,
if ——", which however should not be suppressed,
but rather welcomed as occasions to improve your
truth.

You have chosen two good representatives
of East and West. Krishna Murti is all irra-
tional, leaving solutions to quietude, i.e.
to themselves as a part of Mother Nature. together
on the other side believes in making and
moulding opinions. Mine believes in the bloom-
ing and unfolding of the individual as the
experimental, doubtful and bewildering
work of the living God, to whom we have
to lend our eyes and ears and our discrimi-
nating mind, to which end they have been
inculcated upon for millions of years and
brought to light since about two years,
viz. in the moment, when historical con-
tinuity of conscious was became possible
through the invention of script.

We are surely in need of a truth or
a self-understanding similar to that of Ancient
Egypt, which I have found still living with
the Taos Pueblos. Their chief ceremonies,
(which Bruno Mamt in are) said to
me: "we are the people, which live on the
roof of the world, we are the sons of the
Sun, who is our father. We help him daily
to rise and to cross over the sky." They
do it not only for ourselves, but for

the Americans also. Therefore they should not interfere with our religion. But if they continue to do so, (by missionaries) and hinder us, then they will see, that in ten years the Sun will rise no more."

He correctly assumes, that their day, their light, their consciousness and their meaning will die, when destroyed through the narrowmindedness of American Rationalism, and the same will happen to the whole world when subjected to such treatment. That is the reason, why I tried to find the best truth and the clearest light I could attain to and since I have reached my highest point I can't transcend any more, I am guarding my light and my treasure, convinced that nobody, would ... and I myself would be badly even hopelessly injured, if I should loose it. It is most precious not only to me, but above all to the purposes of the Creator, who made man to illuminate his creation. If God had foreseen his world, it would be a mere senseless machine and Man's existence a useless freak.

My intellect can envisage an utter meaninglessness, but in whole of my being say "no" to it.

Sincerely yours,

C. G. Jung.

otras estrellas, tal vez encontrásemos los medios de aprender algo esencial sobre nosotros mismos. Incidentalmente nos hallamos viviendo en un tiempo en que el "homo homini lupus" amenaza llegar a ser una terrible realidad y cuando nos encontramos en una cruel necesidad de conocer más allá de nosotros mismos. Las ficciones científicas sobre viajes a la Luna, a Venus o a Marte y las leyendas sobre platillos volantes, son efectos de nuestra ofuscación, pero no menos de la intensa necesidad de alcanzar una nueva base física y también espiritual, más allá de nuestra actual conciencia del mundo. Filósofos y psicólogos de los siglos XIX y XX han tratado de proveer una *Terra Nova* en nosotros mismos, el Inconsciente. Sin duda, es este un descubrimiento que podría darnos una orientación en muchos aspectos. Donde nuestras ficciones sobre marcianos y venusianos se basan nada más que en especulaciones, el Inconsciente está al alcance de la experiencia humana. Es casi tangible y familiar para nosotros, pero al mismo tiempo su existencia es extraña y difícil de entender. Si damos por sentado que aquello que yo llamo "arquetipos" es una hipótesis verificable, luego nos encontramos enfrentados con cualidades autónomas, con una suerte de conciencia y una vida psíquica propia de ellos mismos, la cual puede ser observada, al menos parcialmente, en nosotros; no sólo en los hombres vivientes, sino aun en el curso histórico de muchos siglos. Ya sea que les llamemos Dioses, Demonios o Ilusiones, ellos existen y funcionan y resucitan con cada generación. Tienen una enorme influencia tanto en la vida individual como en la colectiva, y, a pesar de su familiaridad, son curiosamente no humanos. Esta última característica es la razón por la que han sido llamados Dioses o Demonios en el pasado y por la que han sido comprendidos en nuestra era científica como las manifestaciones psíquicas de los instintos, en tanto que representan actitudes habituales y universalmente ocurrentes, pensamientos-forma. Son formas básicas, pero no manifestaciones personificadas o, en otro sentido, imágenes concretizadas. Poseen un alto grado de autonomía, el cual no desaparece cuando la imagen manifestada cambia. Cuando, por ejemplo, la creencia en el dios Wotan desaparece y nadie más piensa en él, el fenómeno originariamente llamado Wotan permanece; solamente su nombre cambia, y como Nacionalsocialismo ha renacido en gran escala. Un movimiento colectivo consistente en millones de individuos, cada uno de los cuales muestra síntomas de wotanismo, prueba, por consiguiente, que Wotan nunca muere en realidad y que, por el contrario, retiene su vitalidad original y su autonomía. Nuestra conciencia sólo imagina que ha perdido a sus dioses; en realidad, ellos están todavía allí y sólo necesitan una condición general para resurgir con una mayor fuerza. Esta condición es una situación en la cual una nueva orientación y adaptación se hacen necesarias. Si este asunto no es claramente entendido y no se le da una respuesta apropiada, los "arquetipos" que expresan precisamente esta situación se introducen en ella y producen la reacción, la cual siempre ha caracterizado a estos tiempos; en este caso, Wotan. Como solamente algunos individuos son capaces de escuchar y aceptar buenos consejos, es sumamente improbable que alguien ponga atención a las advertencias de una voz que avisa el peligro de que Wotan está enseñoreándose de nuevo. Por el contrario, caerán de cabeza en la trampa.

Como nosotros hemos perdido ampliamente nuestros dioses y el estado actual de nuestra religión no nos ofrece una respuesta eficaz para la situación mundial en general y la 'religión' del comunismo en particular, nos encontramos en un aprieto semejante al de la Alemania prenacionalista del año 20; es decir, estamos dispuestos a correr el riesgo de un próximo, y

141

esta vez universal, experimento wotanista. Es decir, epidemia mental y guerra.

Todavía no nos damos cuenta de que cuando un "arquetipo" se encuentra inconscientemente constelado y no es comprendido conscientemente, *estamos poseídos por él* y forzados a cumplir fatalmente con su destino. Así Wotan representa y formula nuestra forma de proceder; sin embargo, esto no soluciona, por supuesto, nuestro problema.

El hecho de que un dios arcaico formule y exprese la dominante de nuestro comportamiento, significa que nosotros debemos encontrar una nueva actitud religiosa, una nueva realización de nuestra dependencia de las dominantes superiores. No sé cómo sería posible esto sin un renovado autoconocimiento del hombre, el cual inevitablemente deberá comenzar por el individuo. Poseemos el medio de comparar al Hombre con otras "animalias" psíquicas y darle un nuevo lugar, el cual arroje una luz objetiva sobre su existencia; es decir, como un ser operado y movido por fuerzas arquetípicas en lugar de su "libre albedrío"; esto es, por su arbitrario egoísmo y su limitada conciencia. Él debería aprender que no es dueño de su propia casa y que tiene que estudiar cuidadosamente el otro lado de su mundo psíquico, el cual parece ser el verdadero dueño de su destino.

Conozco que esto es meramente un "deseo pío", para cuya realización se necesitan siglos, pero en cada "Eón" existen por lo menos unos pocos individuos que entienden que el verdadero trabajo del hombre consiste en perseverar y traspasar su tradición para las futuras generaciones y para un tiempo donde la visión interior haya alcanzado un nivel más profundo y más general. Primero, la dirección de unos pocos cambiará y, en unas cuantas generaciones, habrá un mayor número. Es así imposible que la mente común, dentro de esta generación y aun en la próxima, sufra un

142

cambio visible, porque el hombre actual pareciera ser completamente incapaz de comprender que, bajo ciertas circunstancias, es un extraño para sí mismo. Pero quien sea capaz de tal visión interior, sin importarle cuán aislado esté, debería ser consciente de la ley de sincronicidad, a la cual se refiere el proverbio chino cuando dice: "El hombre puro, sentado en su casa y pensando los rectos pensamientos, será oído a mil millas de distancia".

Ni propaganda ni exhibiciones se hacen necesarias. Si el 'arquetipo', que es universal, es decir, idéntico a sí mismo siempre y en todas partes, es propiamente tratado, aunque sea en un lugar solitario, será, sin embargo, alcanzado y totalmente modificado; es decir, simultáneamente y en todas partes. Así, un viejo alquimista daba la siguiente consolación a uno de sus discípulos: 'No importa cuán alejado estés y cuán solitario te sientas; si realizas tu trabajo a conciencia y verdaderamente, amigos desconocidos te buscarán y llegarán a ti'.

Me parece que nunca se ha perdido nada esencial, porque su 'matriz' está siempre presente en nosotros y desde ella puede reproducirse y se reproducirá, si es necesario. Pero solamente aquellos que han aprendido el arte de retirar sus ojos de la luz cegadora de las opiniones corrientes y que cierran sus oídos a los ruidos de los *slogan* efímeros, pueden recobrar lo esencial.

Usted certeramente afirma, con Multatuli, el filósofo holandés: "Nada es completamente cierto"; y debería agregar con él: "Y ni esto siquiera es verdaderamente cierto". El intelecto puede exponer su profunda declaración de que no hay Verdad Absoluta. Pero si alguien pierde su dinero, este dinero se ha perdido y esto es tan exacto como una verdad absoluta, lo cual significa que él no será consolado por la profundidad intelectual. Hay algo como una convincente Verdad, pero nosotros hemos perdido su visión, debiéndose mayormente esta pérdida a nuestro movedizo intelecto, en aras del cual sacrificamos nuestra certeza moral, para no ganar, en cambio, sino un complejo de inferioridad, el cual –dicho sea de paso– caracteriza la política occidental.

Ser es hacer y obrar. Pero nuestra existencia no depende solamente de nuestro Yo-Voluntad, porque nuestro hacer y obrar dependen grandemente de la dominación del Inconsciente. Yo no estoy solamente proyectándome desde mi ego, sino que también estoy hecho para ser creador y activo; permanecer inmóvil es solamente bueno para algunos que han sido demasiado activos o perversamente activos. De lo contrario, es un artificio innatural que interfiere necesariamente en nuestra naturaleza. Crecemos, florecemos y nos marchitamos y la muerte es la quietud última, o así pareciera serlo. Pero mucho depende del espíritu, es decir, del sentido o significación dentro del cual hacemos y obramos, o, con otras palabras, del sentido con que vivimos. Este espíritu se expresa a sí mismo o se manifiesta a sí mismo en una Verdad, la cual es indudable y absolutamente convincente para la totalidad de mi ser, a pesar de que el intelecto, en su vagabundear sin fin, continuará por siempre con sus 'pero' y sus 'acaso', los que, sin embargo, no deberían ser suprimidos, sino bien recibidos como ocasiones para seguir superando nuestra Verdad.

Usted ha elegido dos buenos representantes del Oriente y del Occidente: Krishnamurti prefiere lo irracional, dejando las soluciones a la quietud; es decir, a sí mismas, como una parte de la Madre Naturaleza. Toynbee, en el otro extremo, aspira a construir y moldear opiniones. Ninguno de ellos cree en el florecimiento y despliegue del individuo como el trabajo experimental, dudoso y engañador del Dios viviente, a quien debemos prestar nuestros ojos y oídos y nuestra mente discriminadora, para cuyo fin han sido incubados durante millones de años y traídos a la luz unos seis mil años atrás; es decir, en el momento en que la continuidad histórica de la conciencia llega a ser visible a través de la invención de la escritura.

Los hombres nos hallamos en penosa necesidad de una Verdad o de una autocomprensión parecida a la del antiguo Egipto, de la cual he encontrado un ejemplo viviente entre los indios pueblos taos. Su jefe de ceremonias, el viejo Ochwián Biano –Lago de la Montaña–, me dijo una vez: "Somos el pueblo que vive en el techo del mundo; somos los hijos del Sol, el cual es nuestro Padre; nosotros le ayudamos a remontarse diariamente y a cruzar el firmamento. Por consiguiente, los hombres blancos no deberían intervenir en nuestra religión. Si ellos continúan haciéndolo e impidiéndonos cumplir con nuestro trabajo, verán que en diez años el Sol no se levantará más".

El jefe de ceremonias, presumía correctamente que sus días, su conciencia y su sentido morirían destruidos por la mentalidad estrecha del racionalismo americano y que lo mismo ocurriría al mundo en total, al estar sujeto a un idéntico tratamiento. Esta es la razón por la que procuro encontrar la mejor Verdad y la más clara luz que pueda alcanzar. Y desde que he alcanzado mi más alto punto, no puedo ya trascenderlo. Guardo mi luz y mi tesoro, convencido de que nadie ganará –y yo mismo sería herido sin esperanza– si la perdiera. Ella es lo más alto y preciado, no solamente para mí, sino, sobre todo, para la oscuridad del Creador, quien necesita al Hombre para iluminar su Creación. Si Dios hubiese previsto totalmente su mundo, este sería una mera máquina sin sentido y la existencia del hombre, un inútil capricho.

El intelecto puede vislumbrar la última posibilidad, pero el total de mi ser dice "No" a esto...

Sinceramente suyo,

C. G. Jung"

El Nuevo Encuentro

El 23 de enero de 1961 volví a ver al doctor Jung. Se hallaba en su despacho, rodeado de sus libros y obras de arte. Como las veces anteriores, tenía en su mano la pipa.

—Es un invento suizo, tiene un depósito para el agua.

—Como la *hookah* y el narguile.

Ríe.

—He consultado el *I Ching* y me ha aconsejado dejar la India

—Hay que obedecerle –dice–, pues no se equivoca. Existe una correspondencia entre la psiquis y el mundo. Cuando me es difícil entender a un paciente, le pido que se haga un horóscopo. Y este siempre corresponde a su carácter. Interpreto psicológicamente su horóscopo. En la correspondencia entre el mundo y la psiquis es hasta posible que los inventos y el tiempo de tres dimensiones obedezcan a una estructura de la mente. Analizando los sueños de mis pacientes, pude prever la última guerra. Wotan aparecía ya en esos sueños. No pude, en cambio, prever la Primera Guerra Mundial, a pesar de los sueños premonitorios que yo mismo tuve, porque en aquellos años no los analizaba aún He analizado hasta cuarenta y un sueños en que se profetizaban enfermedades graves o la muerte...

Contemplo al profesor mientras habla. Se ve siempre animoso, lleno de energía; sus ojos tienen esa luz cargada de humor penetrante a la vez que lejana. En su mano se destaca la gema de su anillo. Se inclina a veces hacia adelante para acentuar más algún concepto y se reclina luego como en un reposante movimiento de péndulo.

—Todo este tiempo en la India he estado tratando de investigar sobre la existencia de eso que los filósofos Sankhyas llaman el *Linga-Sarira,* y los teósofos, el cuerpo sutil, el cuerpo astral. En mi carta le consultaba sobre esto y le decía que durante mis sueños me parece experimentar en mí la presencia de un cuerpo dentro de mi cuerpo, del cual procederían las imágenes. Tuve la oportunidad de conversar al respecto con Aldous Huxley. Me contó que estuvo con D. H. Lawrence en sus últimos momentos y fue testigo de una extraña experiencia. Lawrence le declaró que se estaba saliendo de su cuerpo y le era dado contemplarse a sí mismo desde un rincón del cuarto. También he conversado con el Dalai Lama. Le pregunté si creía posible el desprendimiento voluntario del cuerpo mental. Me contestó de la siguiente forma: "Sí, durante la meditación. Los textos señalan tres etapas en este proceso: primero, la concentración en el objeto; segundo, la disociación parcial de la mente, cuando aun percibiendo el objeto se está en él, y, al mismo tiempo, no se está; y tercero, cuando ya no se está en el objeto, o cuando se le ha penetrado o compenetrado, lo que es lo mismo que ya no estar en él..."

—Todo eso –dice Jung– es experiencia subjetiva, mientras no sea colectivamente comprobada. Podrían también atribuirse esos fenómenos al Inconsciente Colectivo. Aun cuando, como hipótesis, podría aceptarse el *Linga-Sarira.* He visto a mediums producir fenómenos de materialización y mover objetos a distancia.

—¿Conoció a Gustav Meyrink? –le pregunto–. Relata experiencias sumamente interesantes en sus libros.

—No le conocí; pero he leído sus obras y las considero importantes. En *El Rostro Verde* hay verdades profundas...

—Hace años tuve una experiencia que deseo narrarle –digo–. Desde muy joven, en las noches, experimentaba fenómenos de desdoblamiento. Iban ellos siempre precedidos por vibraciones que me recorrían desde las plantas de los pies, o bien desde la base de la columna vertebral, extendiéndose hacia arriba, posiblemente a través de los *chakras*. Estas vibraciones variaban de intensidad, y, a veces, han llegado a ser tan potentes que he temido sucumbir... Recuerdo una vez en que las vibraciones se hicieron insostenibles. Entonces, frente a mí, apareció una jofaina. Como por un mandato, sumí mis manos en ella y desparramé su líquido lustral por mi cuerpo. Las vibraciones se calmaron instantáneamente. Todo esto se desarrolló en un estado que de ninguna manera era sueño, pero tampoco la vigilia. Me atrevería a decir que era en un plano más real que la realidad. Pero nada de eso existía al *volver al cuerpo*, al retornar y encontrarme sobre el lecho. Después, por años, y siguiendo un sistema de iniciación, he tratado de producir los mismos fenómenos, voluntariamente.

—Todo eso –repite Jung– son experiencias subjetivas, mientras no tengan una validez de comprobación colectiva. Lo que usted llama vibraciones deberán ser sólo sueños, o bien manifestaciones del Inconsciente Colectivo...

Su respuesta no me satisfizo. Desgraciadamente, Jung no ahondó aquí. Él se había construido una terminología moderna para revestir viejas verdades. Tampoco el Dalai Lama hizo luz sobre esos fenómenos, cuando yo le consulté, citándome textos y refiriéndose a dogmas, temeroso quizás de excederse, como Jefe de una Iglesia, en presencia de sus dignatarios.

Comprendí que en mis experiencias personales –subjetivas, como las definiera Jung– no tendría más guía que mi propia inuición o iluminación, debiendo marchar solo, tal como el mismo Jung lo hiciera en un tiempo, aceptando mi "filo de la navaja".

—Es agradable poder conversar de todo esto con alguien que no es un paciente –dice Jung.

—Vengo de ver a Hermann Hesse –le explico–. También hemos hablado sobre la yoga. Según su opinión, el recto camino consiste en estar de acuerdo con la naturaleza.

—Es también mi filosofía –dice Jung–. El hombre debe ser lo que es, descubrir lo que él es y luego vivirlo. ¿Qué diría usted de un tigre que se hiciera vegetariano? Que es un mal tigre, por supuesto. Hay que vivir de acuerdo con la naturaleza, tanto en lo individual como en lo colectivo. La India nos da un buen ejemplo. En cambio, Rusia, que tiene una magnífica organización, no funciona, lo cual puede verse en su fracaso en la agricultura. Ello, porque no se considera al hombre en lo que es y se pretende racionalizarle totalmente; se desea imponer una idea del hombre, una teoría, un concepto sobre el hombre... Conocí a una señora que era muy fina, muy noble, toda su vida regida por ideales, dentro del más exquisito refinamiento; pero tenía sueños de borracho en los que ella misma se embriagaba perdidamente... Hay que ser lo que se es; en eso consiste la Individuación, en un traslado del centro de la personalidad a un punto equidistante entre el consciente y lo inconsciente, un punto ideal que la naturaleza pareciera estar indicándonos. Sólo desde allí se puede cumplir a satisfacción con los deberes...

—Los hindúes expresan esto mismo cuando afirman que es preferible cumplir mal con el propio *karma*, que perfectamente bien con el *karma* ajeno...

—Así es.

—Profesor –consulto–, ¿cree usted que su sistema podrá funcionar fuera del Occidente, es decir, en un mundo en donde la persona no está tan diferenciada? En la India, por ejemplo, no hay neuróticos y tampoco creo que los haya en Birmania, en Indonesia, en Tailandia, en Japón o en la China. Y ello porque no se es *persona* en el sentido cristiano-occidental. La *persona* es un producto del cristianismo, de las inhibiciones e imposiciones que él formó en el alma nórdica aún bárbara, como usted me lo explicara en nuestra primera entrevista en Locarno. La *persona* es el loto del cristianismo, con sus raíces en el cieno del drama de una inhibición tal vez necesaria...

—Sí –confirma a media voz, en tono reflexivo–, la falta de la persona es lo que hace que en Oriente puedan prender con tanta facilidad sistemas colectivos como el comunismo y religiones que aspiran a anularla, como el budismo...

El tiempo ha pasado sin notarlo, como siempre. A través de la ventana, veo que avanzan las sombras. Temo cansarlo, pero le digo:

—Hace poco, almorzando con Hesse, he mostrado curiosidad en conocer por qué tenía yo la suerte de encontrarme sentado a su mesa, y él me explicó que no era casual, que allí sólo se hallaban los huéspedes justos, que aquel era el Círculo Hermético.

Jung dibuja en su rostro una tenue sonrisa.

—Es verdad. La mente atrae a la mente. Sólo los *exactos* llegan. El Inconsciente es lo que dirige, lo que atrae, lo que conoce.

Mientras escucho, pienso:

"Pero ¿qué es el Inconsciente, qué es eso que Jung llama de este modo? Meyrink decía: 'Si la Madre de Dios está en el Inconsciente, es que el Inconsciente es la Madre de Dios...' "

Jung continúa:

—Una vez iba en un tren. A mi lado se sentó un general. Haolamos y, sin saber quién era yo, él me contó sus sueños, algo totalmente desusado en un hombre de su oficio. El general pensaba que sus sueños eran absurdos. Después de escucharle, le revelé que siendo él mayor había experimentado un gran cambio en su vida: pudo ser un intelectual. El general me miró extrañado, quizás pensando que yo era un brujo, dotado de poderes de adivinación. Es el Inconsciente el que sabe, el que busca... El general se había dirigido a mí *inconscientemente* en busca de una respuesta y era él mismo quien se la daba a través de mí... Yo podría, por ejemplo, decirle a usted cosas sobre su vida que también le espantarían...

Y Jung mira al fondo de mis ojos, fijamente. Su cuerpo, en la penumbra de la tarde, parece agrandarse y tengo la impresión de estar frente a un ser en el cual Abraxas se ha encarnado.

Un frío me recorre, corrientes nos envuelven. De ese ser poderoso parecen desprenderse voces, ecos, que lo cruzan y que vienen de las edades.

Los Siete Sermones a los Muertos

En 1925, Jung editó un extraño libro, sin su firma. Sólo después de su muerte, con la publicación de sus Memorias, se ha confirmado la paternidad de la obra, contándonos Jung bajo cuáles urgencias la escribió, aparentemente en escritura automática, como dictada desde el "otro mundo", desde el Inconsciente Colectivo, como diría él. El personaje que se "la dictó" fue un Arquetipo: el del Maestro, del Sabio, del Gurú de los hindúes. Por aquel entonces, Jung se enfrentaba con el Arquetipo del Ánima, esforzándose por no oír sus engañosas voces, al mismo tiempo que, algunas veces, se tomaba de su mano para descender con él a los infiernos o escalar hasta los cielos.

Jung bautizó con el nombre de Filemón a ese anciano que se le aparecía y le hablaba, revelándole profundos secretos en el fondo de su propia alma. Llegó a dibujarle, y así se ha podido conocer su silueta en *El Libro Rojo*, que redactó como diario de aquella época. De este modo, Filemón venía a ser el Anciano Eterno, el Caminante de la Aurora, el Viajero de los Días, el Maestro, el Gurú que habla desde un mundo sin tiempo, con otras dimensiones.

He conocido en la India y también en Chile a iniciados que reciben sus órdenes, sus "prácticas", sus normas de vida, de Maestros *descarnados*, habitantes del otro mundo. Estos Gurúes no han descendido jamás a la carne, aun cuando sus imágenes

152

son definidas y descritas con la misma precisión que Jung usó para dibujar a su Filemón.

Jung nos cuenta cómo se vio obligado a escribir ese extraño libro que tituló, en latín, *VII Sermones ad Mortuos* y el cual le fuera dictado por Filemón; pero que él atribuyó a Basílides, gnóstico de Alejandría, "la ciudad donde el Este se topa con el Oeste".

Los más curiosos fenómenos precedieron a la realización de la obra. La casa de Jung se llenó de ruido, el aire era tenso, como si estuviese lleno de presencias invisibles, sus hijos y él mismo tenían extraños sueños, la fatalidad parecía rondarles, acechando en los rincones. Todo lo cual no cesó hasta el momento mismo en que Jung dio fin a su libro.

El estilo en que está escrito es arcaico y un tanto confuso, lo cual es inevitable ante el impacto numinoso del Arquetipo.

Los junguianos no desean que este libro se difunda, temiendo quizás que la reputación científica del Maestro pueda sufrir menoscabo, confirmándose la acusación de misticismo que algunos críticos han hecho a Jung. Pero Jung lo reconoce y destaca en sus Memorias, sin temor alguno. En la edición alemana de estas Memorias póstumas se reproducen enteros los *VII Sermones ad Mortuos*, no así en la traducción inglesa, de donde han sido expurgados.

Conocí los "Sermones..." en su edición inglesa, privada, del año 1925, la cual llegó a mis manos en Londres, también en forma extraña, después de la muerte de Jung.

En esta extraordinaria obra, Jung también habla de Abraxas, en la siguiente forma:

"... Existe un Dios que vosotros no conocisteis, porque la humanidad le ha olvidado. Nosotros le llamamos por su nombre

153

ABRAXAS. Y es más indefinible aun que Dios y el Demonio.

Abraxas es lo efectivo. Nada se mantiene en oposición a él por lo tanto, su naturaleza efectiva se despliega libremente. Lo inefectivo no le resiste, porque no aparece oponiéndosele. Abraxas se mantiene por encima del Sol y del Demonio. Es una improbable probabilidad, una irreal realidad. Si el Pleroma tuviera un ser, Abraxas sería su manifestación; no un efecto particular sino el efecto en general.

Es una irreal realidad, porque es distinto del Pleroma.

El Sol tiene un efecto definido y así también el Demonio. Por lo cual nos parecen más efectivos que el indefinido Abraxas. Este es fuego, duración, cambio..."

....

"... Como una neblina elevándose de una ciénaga, los muertos vinieron e imploraron:

—Háblanos más sobre el Dios Supremo.

Difícil de conocer es la divinidad de Abraxas. Su poder es grande porque el hombre no lo percibe. Él extrae del Sol el *Summum bonum*; del demonio, el *Infimum malum*; pero de Abraxas procede la VIDA, del todo indefinida, madre del bien y del mal.

Abraxas pareciera tener más pequeña y más difícil vida que el *Summum bonum*, por lo cual es difícil concebir que él trascienda en poder aun al Sol, el cual es el origen radiante de toda fuerza de vida.

Abraxas es el Sol y, al mismo tiempo, lo eternamente succionante, la garganta del vacío, el deprimente y descuartizador demonio.

El poder de Abraxas es doble; pero vosotros no lo veis, porque para vuestros ojos el combate de sus opuestos permanece oculto.

154

De lo que el dios Sol habla es de la vida.

De lo que el Demonio habla es de la muerte.

Mas Abraxas sólo habla palabras consagradas y malditas, las cuales son vida y muerte al mismo tiempo.

Abraxas engendra verdad y mentira, mal y bien, luz y oscuridad, en una misma palabra y en un mismo acto. Por todo lo cual, Abraxas es terrible.

Es espléndido como un león en el momento de destruir a su víctima.

Es bello como un día de primavera.

Es el gran PAN y también el más pequeño.

Es PRÍAPO.

Es un monstruo de las profundidades, un pulpo de mil brazos, un enrollado nudo de Serpientes Aladas y frenéticas. Es el Hermafrodita de los lejanos comienzos. El Señor de los sapos y las ranas que viven en el agua y suben a la tierra para entonar a medianoche un coro bajo la Luna.

Es la abundancia que busca la unión con lo vacío.

Es el sagrado engendrador.

Es el Amor y ama el crimen.

Es el santo y es su traidor.

Es la más luminosa luz del día y es la más oscura noche de la locura.

Mirarlo significa la ceguera.

Conocerlo es la enfermedad.

Adorarlo es la muerte.

Temerlo es la sabiduría.

No resistirlo es redención.

Dios habita detrás del Sol; el Demonio, tras la noche. Lo que Dios saca de la luz, el Demonio lo sustrae de la noche. Mas Abraxas es el mundo, su llegar a ser y su pasar. Sobre cada bendición que viene del dios Sol, el Demonio coloca una maldición.

Cada cosa que vosotros creáis con el dios Sol, da un poder efectivo al Demonio.

Así es el terrible Abraxas.

Es la más poderosa criatura y en Él la criatura se teme a sí misma.

Es la oposición manifiesta de la criatura al Pleroma y a su nada.

Es el horror del hijo por la madre.

Es el amor de la madre por el hijo.

Es la delicia de la tierra y la crueldad de los cielos.

Frente a su presencia, el hombre se petrifica.

Ante Él no hay pregunta ni respuesta.

Es la vida de la criatura.

Es la operación de lo diferenciado.

Es el amor del hombre.

Es la apariencia y la sombra del hombre.

Es la ilusoria realidad.

....

Entonces los muertos aullaron y se enfurecieron, porque ellos eran imperfectos..."

La Despedida

El miércoles 10 de mayo de 1961 traté nuevamente de ver al profesor Jung. No quise ahora dejar transcurrir demasiado tiempo. Algo imperioso me empujaba. Veintisiete días después, Jung moría. Creo haber sido el último amigo extranjero que le visitara y sostuviese con él una conversación esencial.

Hasta el último instante, no supe si me sería dado verle. La señora Ruth Bailey me comunicó en el teléfono que ella me recibiría en ese día para tomar el té y charlar, pues Jung estaba en cama seriamente enfermo. Llegué así a Kusnacht para asistir a la cita. Pasamos a una pieza pequeña en el piso bajo. Deseé también ver un poco de la casa y se lo solicité a Miss Bailey, quien me mostró el comedor con cuadros del Renacimiento, muebles nobles y antiguos. Luego nos sentamos en la salita y pude analizar con detención a esta mujer extraordinaria, que acompañara a Jung durante sus expediciones al África y le cuidara durante los últimos años de su vida. Tenía un rostro interesante, elegancia de modales y una aguda inteligencia. De ella se desprendía paz, envuelta en una dolorosa expectación. De algún modo me recordaba a Miraben, la discípula inglesa del Mahatma Gandhi, quien también acompañó hasta su final a aquel gran ser, abandonando luego la India, al considerar perdida la atmósfera gandhiana. Miraben se radicó en Grecia. También Miss Bailey ha dejado Suiza tras la desaparición de Jung y hoy trabaja en Inglaterra, en una obra social a favor de

157

madres indigentes. Ambas mujeres deben sentirse perdidas, sin dirección, en un mundo del cual han desaparecido los puntales que les aportasen los ídolos que veneraron.

Mientras servía el té –ese rito tan inglés–, Miss Bailey me declaró que yo era un hombre de suerte, pues Jung había experimentado una súbita mejoría esa mañana, manifestando deseos de verme, una vez que termináramos el té. Mientras tanto, Miss Bailey se sumió en reflexiones sobre la muerte.

—Carl Gustav me acusa de retenerle en la tierra. Declara que desea partir y que yo se lo impido... Sin embargo, me parece que él aún desea vivir, pues su vitalidad se revela en su tan agudo sentido del humor...

—¿Cree usted que algo subsista más allá de la muerte?

—No puede ser de otro modo... No podría concebir que Jung pueda acabarse totalmente, en un instante, ¡así!...

Y hace el gesto de apagar una luz, de tornar un conmutador.

—Además –continúa–, hay pruebas psicológicas de algo como una sobrevivencia. El Inconsciente posee un sentido de continuidad, de un seguir, de un avanzar de la vida más allá de los umbrales de la muerte. El Inconsciente pareciera ignorar un fin brusco y la muerte no le espanta... La muerte viene ahora en sueños a Jung; el motivo de la muerte, como algo conocido...

Hace una pausa y prosigue:

—Ha estado muy ocupado en estos días, escribiendo un ensayo para una publicación norteamericana, titulado: "El hombre y sus Símbolos". Este trabajo le ha agotado. Lo escribe a mano y lleva ya ochenta páginas; lo hace directamente en inglés, porque cree que así saldrá más simple, debido a que la sintaxis alemana oscurece los conceptos[1].

---

[1] Este ensayo no ha sido publicado en la fecha indicada en los Estados Unidos. Se lo consideró oscuro y difícil; precisamente lo que el autor deseaba evitar...

Miss Bailey me sirve otra taza de té, y, como Ninon de Hesse como Elsy Bodmer, también dice:

—Entre usted y Jung existe una relación buena y profunda. Él e alegra cuando le ve. Hoy ha deseado recibirle.

Hace una pausa y me pregunta:

—¿Conoce usted la torre de Bollingen?

La torre a que ella se refería fue construida por Jung en el ampo, en Bollingen, junto al lago, siguiendo un impulso y guia- o por los sueños, para tratar de expresar en piedra su idea del í-Mismo. Su sistema psicológico se halla allí representado. ung acostumbraba retirarse a su torre por semanas. A veces iba n un velero a través del lago. Encendía el fuego, cocinaba él nismo y no disponía de electricidad ni de agua potable. En la iedra de su torre, en sus muros, ha grabado sentencias de los al- uimistas, de los gnósticos griegos y egipcios; ha trazado tam- ién dibujos, mandalas y símbolos.

—No –respondo–, no la conozco.

—Es muy interesante. Debería ir. He asistido a algunos ritos ue Jung celebraba allí. Una mañana le acompañé a la cocina y e vi saludando a cada uno de los utensilios; a las cacerolas, a las llas, a la sartén. Me pidió que hiciera lo mismo. "Ellas lo saben lo agradecen", me dijo. Jung cocinó siempre en la misma sar- én y en las mismas ollas; porque eran sus amigas, decía, viejas onocidas, con las cuales hilvanaba largas charlas en la soledad le su retiro. Todas las cosas están animadas para Jung con una ida propia, o una vida que él les da, les transmite...

Terminado el té, Miss Bailey desea que suba pronto a ver a ung. Me recomienda que la entrevista sea corta, para no can- arle.

Por última vez, mientras él viviera, subo por la escalera de su asa. Miss Bailey me acompaña hasta el piso alto, abre la puerta del estudio y se aleja para dejarnos solos.

El profesor Jung se hallaba sentado junto a la ventana d
nuestras entrevistas anteriores. Pero ahora vestía una bata cere
monial japonesa, de tal modo que, en la luz del atardecer, aseme
jaba un monje, un mago, o un sacerdote de un extinguido culti
del pasado.

Al entrar, intentó levantarse de su asiento, lo cual me apresu
ré a impedírselo. Me incliné frente a él y le hice entrega de ui
presente que le traía de Oriente, la cajita de Cachemira, engasta
da en turquesas, igual a la que acababa de entregar a Herman
Hesse en Montagnola. Se cerraba el Círculo.

La tomó en sus viejas manos, la palpó y dijo:

—Turquesas de Cachemira. Nunca estuve allí. Sólo llegué ;
Bengala, en el nordeste de la India, y a Madura, en el sur... Gra
cias por este hermoso presente.

—No es nada –repliqué–. Vengo de ver a Hesse y hemos ha
blado de la muerte. Le he preguntado si es importante saber s
hay algo más allá de la muerte. Me ha dicho que no, que tal ve:
la muerte sea entrar en el Inconsciente Colectivo, caer en él...

—Su pregunta ha sido mal formulada –dice–. Hay que plan
tearla del siguiente modo: ¿Existe alguna razón para creer qui
haya una vida después de la muerte?

—¿Y cree usted que exista?

—Si la mente pudiese funcionar al margen del cerebro, a
margen del espacio y del tiempo, entonces sería incorruptible.

—¿Y puede la mente?

—Los fenómenos parapsicológicos parecieran probarlo así..
Yo mismo he experimentado cosas que tal vez lo indiquen. Una
vez estuve muy grave, casi en coma. Todos creían que sufría
enormemente; pero, de verdad. experimentaba un estado muy
placentero: parecía flotar sobre mi cuerpo, muy lejos... Después

e la muerte de mi padre, le vi varias veces... Estrictamente no quiere esto decir que él viniese en realidad... Pueden ser sólo fenómenos subjetivos...

—¿Por qué? –pregunto–. ¿Acaso no puede todo eso suceder fuera en vez de adentro; su padre muerto, todo?... Hesse se refería al Inconsciente Colectivo como si quedase afuera y ahí *se hayese* en la muerte. Meyrink supone que el Inconsciente es la Madre de Dios y de todos los dioses...

—He visto –continúa Jung– a hombres heridos de bala en el cerebro, durante la guerra, con las funciones de la corteza cerebral paralizadas; es decir, con el tiempo y el espacio a tres dimensiones inhibido. Y sin embargo soñaban, tenían visiones importantes en ese estado. Si su cerebro se hallaba paralizado, ¿qué órgano producía los sueños? ¿Qué es aquello que en el hombre sueña cuando su cerebro no funciona? ¿Con qué parte de su cuerpo sueña? ¿Es física esa parte? ¿Podría darnos esto una indicación de que la mente actúa al margen del cerebro, del espacio y del tiempo?... Es sólo una hipótesis... Otra indicación: un niño, de cuatro a cinco años, por ejemplo, o más pequeño, el cual carece aún del *yo*. Su yo está difuso, disperso en su fisiología. No obstante, este niño tiene sueños de persona mayor, individualizados, de un ser viejísimo, antiguo, en los cuales es absolutamente *persona*. Si científicamente en ese niño no hay aún un yo, ¿qué es aquello que en el niño produce estos sueños fundamentales, que lo marcan y le dan un estilo a toda su vida? Si el yo temporal desaparece con la muerte, ¿lo hace también *ese otro*, más hondo, viejísimo, que se encontraba allí en el niño y le ha hecho entrega de unos sueños sin tiempo?

¡Cuánta honradez hay en este hombre excepcional! En los umbrales de la muerte, él buscaba, tal vez quería creer, encontrar un asidero, pero su rigor científico le impedía pronunciar

161

una sola palabra que no correspondiera a experiencias objetiva‑
mente demostrables en ese peligroso y resbaladizo camino qu‑
él había elegido.

—Nadie ve hoy lo que está detrás de las palabras, de las mis‑
mas ideas, nadie pone atención en ello. La idea sólo expone alg‑
que estaba allí virtualmente. Es lo que yo he hecho dando nue‑
vos nombres a esas realidades. Por ejemplo, la palabra Incons‑
ciente. Acabo de leer un libro de un sabio del zen chino. Me pa‑
reció estar leyéndome, sólo que él da otros nombres a las mis‑
mas realidades. La palabra Inconsciente no figura, pero allí est‑
eso que yo he llamado de aquel modo.

En una mesita, junto al sillón donde se sienta Jung, veo un li‑
bro, *El Fenómeno Humano*, de Teilhard de Chardin.

—¿Lo ha leído? –le pregunto.

—Es un gran libro –afirma.

Su rostro está pálido, pero envuelto en un halo que se trans‑
mite. Por las amplias mangas de su bata oriental asoman su‑
manos delgadas y nudosas. En su dedo anular se destaca el ani‑
llo gnóstico.

—¿Qué significa ese símbolo? –le pregunto.

—Es egipcio. Aquí está grabada la Serpiente, que simboliza a‑
Cristo. Arriba, un rostro de mujer; abajo, el número ocho, sím‑
bolo del Infinito, del Laberinto, del Camino del Inconsciente. H‑
cambiado algo aquí para que el signo sea cristiano, pues la gem‑
es anterior al cristianismo. Todos estos símbolos están absoluta‑
mente vivos en mí y cada uno de ellos despierta una reacción de‑
terminada en mi alma.

—Usted representa en nuestro tiempo un lazo con el herme‑
tismo del pasado; ha encontrado la conexión, el camino, el sen‑
dero oculto que se había perdido con el advenimiento del Siglo
de las Luces, y quizás antes. Así como el Renacimiento encuen‑

ra el nexo perdido con la parte externa de la Época Clásica, usted lo establece con su historia secreta y oculta. La trayectoria del hombre esencial halla nuevamente un cauce gracias a usted. Meister Eckhart es así confirmado...

—He tratado de enseñar al cristiano qué es el Redentor, qué es la Resurrección, algo perdido en la noche del alma, que ya nadie recuerda, pero que en sueños reaparece...

—Hace algún tiempo, contemplaba en Florencia "La Anunciación", de Leonardo. Y se me vino a la memoria la Degollación de los Inocentes, que coincide, o *polariza*, el nacimiento de Jesús, del Cristo. Mucho caudal se ha hecho sobre la muerte de Jesús, pero nadie lamenta en igual forma la muerte de tantos inocentes, la que pareciera ser aceptada como algo *necesario* para el nacimiento de un Redentor. También cuando Krishna viene al mundo, el tirano Kansas ordena sacrificar a todos los niños nacidos ese día en el país... La venida del Redentor, en estas condiciones, aparece tremendamente injusta, y, me atrevería a decirlo, hasta dañina para el mundo, a lo menos en el momento de su aparición... Cabría preguntarse si al final se justifica...

Jung permanece silencioso un momento y luego dice:

—Los que mueren sacrificados son, a menudo, los mejores...

—Profesor, ¿no cree usted que hablando de estas cosas estamos un poco fuera de moda, fuera de la época, en medio de este tiempo de la supertécnica, cuando el hombre inicia los vuelos espaciales?... He consultado a Hesse sobre lo que él piensa que va a suceder con la vida interior, con la vida del espíritu y la introspección. Y él se ha mostrado pesimista.

—Los vuelos a otros mundos espaciales están aún muy lejanos. Tarde o temprano, el hombre deberá volver a la tierra, a *su tierra*, de la que procede, porque tendrá que retornar a sí mismo. Sin embargo, en este afán de conquista cósmica, hay también el símbolo de un ansia de totalidad. El hombre se encontrará, además, en una encrucijada creciente, en una situación histórica desperada, con el aumento de población mundial en el planeta y la crisis de provisiones... En los vuelos espaciales y en el deseo de conquista de otros mundos, hay también una aspiración instintiva por encontrar una solución a este problema...

Jung iba a seguir desarrollando el tema apasionante, cuando la puerta se abrió despacio y entró Miss Bailey. Me había extendido demasiado en mi visita. Pero mi corazón me decía que esta iba a ser la última. Y estoy seguro de que Jung así también lo presentía.

Miss Bailey anunció que una de las hijas de Jung y su marido habían llegado para verle y esperaban abajo. Volvió a salir para que me despidiera.

Rocé sus dos manos, inclinándome. Me alejé muy lentamente hacia la puerta. Al llegar a ella, me volví a mirarle. Y lo vi contemplándome fijamente, envuelto en la luz del atardecer, junto a ventanal, con su manto de Oriente.

Jung alzó una mano y me hizo la señal del adiós.

Una Mañana de la India

Me levanté muy temprano. Era una mañana del intenso verano de la India. Salí a la terraza junto a mi cuarto, sobre la que caían las escuálidas sombras de los árboles de mango. Saludé al Sol y comencé mis ejercicios yogas. En las reverberaciones de la luz distinguí al *bearer*, tocado con su turbante y descalzo, quien venía acercándose con esa cadencia suave de su raza. Al llegar frente a mí, juntó sus manos y dijo: "Namasté", lo que significa, más o menos, "saludo al Dios que hay en ti". Y me extendió un telegrama.

Lo abrí y empecé a leerlo con dificultad, por el exceso de luz. El telegrama decía: "El profesor Jung murió ayer, apaciblemente". Firmaban Bailey y Jaffe.

La fuerte luz, el sol y el calor me obligaron a moverme.

Debía ir esa mañana al aeropuerto de Delhi a despedir a Nehru, quien partía en descanso a los Himalaya, creo que al Valle de Kulu o Valle de los Dioses.

Llegué al aeropuerto cuando Nehru se dirigía al avión. Vestía de blanco y su figura grácil se movía con elegancia, desprendiéndose de ella una especie de aroma espiritual, un peculiar encanto.

Le mostré el telegrama que esa mañana había recibido, pues Nehru también admiraba a Jung. Le dije:

—Usted sabe cuánto se interesó Jung por la India. Una

condolencia suya o de su Gobierno sería profundamente agradecida.

Nehru meditó un momento.

—No alcanzo a dar la orden personalmente. Le ruego que usted hable de parte mía con el señor Desai, Secretario para Asuntos Exteriores, y que envíe un telegrama de condolencia a mi nombre.

Y fue así como la India se hizo presente a la muerte de quien tanto hiciera por comprender los profundos valores de su civilización, para confrontarlos con los del mundo occidental y enriquecerlo. Otro gran Círculo se cerraba.

Todo ese día lo pasé en meditación, tratando de fijar la imagen de Jung y de acompañarle ahora que iniciaba las vicisitudes del Gran Viaje y su transformación en el reino de las sombras, o de las luces desconocidas, el mismo que él tratara de penetrar otrora, describiéndolo en su comentario al *Libro de los Muertos* del Tíbet.

Fue entonces cuando escribí a Hermann Hesse aquella carta que él hiciera publicar en el número especial dedicado a Jung por el "Neue Züricher Zeitung". También escribí a la familia de Jung, a Miss Bailey y a la señora Jaffe, con mis condolencias.

Poco después recibí una carta de Miss Bailey, en la que me relataba los últimos momentos de su venerado amigo:

"Kusnacht-Zurich, 16 de junio de 1961.

Querido señor Serrano:

Mucho le agradezco su bondadosa carta, con la cual me ha dado ánimo. Fue un gran privilegio el poder cuidar a C. G. Jung. Y ahora que mi trabajo ha terminado, me siento completamente perdida y desolada. Mas las bondadosas cartas de sus amigos me

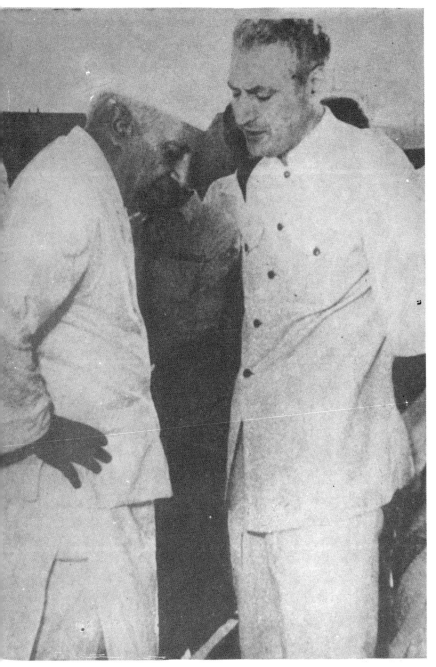

El autor comunica a Nehru, en Nueva Delhi, la muerte del profesor Jung.
Sábado 9 de Junio de 1961.

Küsnacht-Zürich
Seestrasse 228
June 16ᵗʰ 1961.

Dear Mr Serrano,

Thank you so much for your very
kind letters which were a great comfort to me.
how my world, it was a very great privilege indeed
to be able to look after C.G., to me I feel very lost
and desolate, but the kind letters from his friends
help me so much in my loneliness, and the feeling of
inability to face life without him.
He died so very peacefully, just went to sleep at the
end and he wanted to go. He was so very tired and
weak. On May 17ᵗʰ after a very happy and peaceful day
before he had an embolism, a blood clot in the brain
and it affected his speech a little. You can imagine this
was a great shock to me, it happened at break-out time
But after a few days he began to pick up again and
his speech improved very well but he could not read
so well and I spent much time reading to him. Then
on May 30ᵗʰ, again after a very peaceful & happy day,
we were sitting in the library window having tea when
he had a collapse and that was the last time he
was in the library, afterwards he was in his room.
From this time onwards he got weaker and weaker
and for two days before he died he was away in some far
country and he saw wonderful and beautiful things
I am sure of that. He smiled often and was happy.
The last time we sat out on the terrace he told me

*Carta de Miss Bailey, que relata la muerte y últimos días del
profesor Jung. (Id. págs. 169/70.)*

Of a wonderful dream he had had, he said "Now I know the truth but there is still a small piece not filled in and when I know that, I shall be dead." Also after that he had a wonderful dream which he told me in the night. He saw a huge round rock of stone sitting on a high plateau and at the foot of the stone was engraved these words: "And this shall be a sign unto you of Wholeness and oneness." I should have known from this that his life was complete, all these last days I should have known that he was leaving me, I think I did know but pushed the knowledge aside and perhaps that was merciful because I might not have been able to do what I had to do for him. I could stay with him night and day.

Dear Mr. Serrano, I cannot write much more now but I hope to see you again and I shall be clearer in my mind then perhaps, to tell you of many strange things. I am going to England for a few weeks but I am to come back again and keep open the house and there is so much to be done yet, it will take months. The members of his family are very kind to me, the two you met. I have written the name and address on the back of this sheet. Mrs. Nichols stayed with me the last two weeks and was a tower of strength and still is, she is a wonderful person and her husband also and they will welcome you gladly whenever you care to visit them.

Section 21? ...

This address will always find me and I shall be
happy to keep up my contact with you. C.G. liked
you so much and I feel my friendship with you
is a valuable thing to me, I found it easy to talk
with you always.

I am sorry I cannot send you his ring, that must
stay in the house amongst his personal possessions
and intimate connections with his family and friends,
but I know how much you would love to have some
souvenir of him and I will try to obtain one for
you. The turquoise box you bought for him he gave
to me in those last days, because of our mutual love
and regard for him, I hope you don't mind that, or
would you like it back again?

No more

thank you again so much for
your kind thought of me

Yours very sincerely
Ruth Bailey

han ayudado mucho en mi soledad y en mis sentimientos de incertidumbre para afrontar la vida sin él.

Ha muerto sobre los ochenta años, con una gran paz, mientras dormía, en el momento en que él lo deseara. Se sentía muy cansado y muy débil. El 17 de mayo, después de un día muy apacible y muy feliz, tuvo una embolia cerebral. Esto le afectó el habla, lo cual me produjo una gran impresión. Sin embargo, después de unos pocos días, comenzó a recuperarse y su dicción mejoró casi por completo, de modo que pudo trabajar y leer nuevamente. A pesar de ello, yo pasaba bastante tiempo leyéndole. Fue entonces cuando el 30 de mayo, otra vez después de un día muy feliz y apacible, encontrándonos sentados en su biblioteca, tomando el té junto a la ventana, perdió el conocimiento. Y esa fue la última vez que estuvo allí, debiendo, desde ese momento, retirarse a su dormitorio. Se fue debilitando más y más. Dos días antes de su muerte, se encontró fuera de su cuerpo, en un lejano país, en donde vio cosas bellas y maravillosas; estoy segura de esto. A menudo sonreía y se encontraba feliz. La última vez que nos pudimos sentar en la terraza, me contó un sueño que había tenido. Dijo: 'Ahora conozco la verdad; todavía hay una pequeña parte que no ha sido llenada, y al conocerla, moriré'. Tuvo otro sueño aun que me narró en la noche. Veía una enorme piedra redonda sobre una alta meseta; en la base de la piedra se hallaba inscripta la siguiente frase: 'Y este será un signo en ti de totalidad y unidad'.

Sin lugar a dudas comprendí que su vida se completaba. En todos esos días se me mostraba claramente que él nos abandonaba ya. No obstante, hacía a un lado esta certidumbre. Quizás esto fue injusto, porque no me permitió hacer todo cuanto debí por él. Pude acompañarle noche y día, por ejemplo.

Querido señor Serrano, podría escribirle mucho más ahora,

pero lo haré de nuevo cuando tenga mi mente más clara. Podré contarle entonces un sinnúmero de cosas extrañas que sucedieron.

Partiré para Inglaterra por algunas semanas y volveré después para mantener la casa abierta. Lo que hay que hacer aquí tomará meses. Los miembros de la familia son muy cariñosos conmigo. Recibieron el mensaje del señor Nehru y se han conmovido profundamente.

C. G. Jung tenía un gran afecto por usted y su amistad es también valiosa para mí. ¡Siempre he sentido que me es tan fácil conversar con usted!

La cajita de turquesa que usted le trajo, me la dio, en sus últimos días, teniendo en cuenta nuestra mutua admiración y amor por él. Espero que a usted no le importaré esto, a no ser que desee recuperarla...

Gracias, nuevamente.

Sinceramente suya,

Ruth Bailey"

Un Sueño

El 20 de octubre de 1961, a las seis de la mañana, en la ciudad de Mysore, en la India, tuve un sueño con el profesor Jung.

Me vi yendo con él por un camino polvoriento. Ha vuelto a la vida. Vamos muy juntos, codo con codo, uno al lado del otro. Dos generaciones. Él, viejísimo, y yo, aún joven. Pasa un hombre que nos saluda. Jung responde al saludo. Me saco a mi vez un sombrero de amplias alas. Jung habla: dice estar muy viejo. La caminata le ha fatigado y llegará a dormir. "Estoy viejísimo y siento cansancio. La piel se me ha gastado, debo morir. El haber vuelto es algo que se paga con grandes sufrimientos del cuerpo, lo sé".

Comprendo que él ha vuelto, reponiéndose de su embolia. Le digo que los sufrimientos del cuerpo se compensarán en el saber, ya que ahora sabrá qué es la muerte, justo cuando los hombres de ciencia descubren qué es la vida. Y le pregunto:

—¿Qué es la muerte?

Me responde:

—La muerte es *Li* y *Tata*.

No entiendo absolutamente nada y se lo confieso. Creo que él traduce:

—Agua y Piedra.

Y continúa:

—Me he pasado ochenta años tratando de ver lo que está detrás del agua. Cuando en el agua sólo estaba yo. Me he pasado dentro del agua. Ahora salgo al fin de esta agua donde corren los caballos... Miro la acequia cercana. El agua se desliza fuera. No hay nada. Desearía poder grabar en mí la palabra del Altísimo. Jung sigue hablando ahora como iluminado, diciendo frases de una poesía sublime. Las oigo, deseo retenerlas, pero sé que las olvidaré instantáneamente, pues son de aquellas palabras que no pueden retenerse, por corresponder a revelaciones; se oyen, se gozan y se pierden.

De toda esta escena, me queda una sensación desolada, tremenda, frente al misterio de la muerte. Quisiera creer, pero temo que, a su regreso de la muerte, Jung sólo haya descubierto la nada, que no hay nada. Aunque quizás me haya querido revelar que la vida se continúa afuera del yo, en las fuerzas naturales, y, tal vez, en algo más, en el tajante filo de la poesía.

Despierto con un agudo dolor en el pecho.

Jung Vuelve a Recibirme en su Casa

En la primera parte de este libro, he contado cómo, después de la muerte de Hesse, fuimos con mi hijo mayor a visitar a su viuda. De regreso de Montagnola, quise que él conociera también la casa de Jung.

Llegamos una tarde a Kusnacht y penetramos por el parque, hasta encontrarnos frente al portal con la inscripción latina. Hicimos sonar la campana y esperamos. Un joven de la edad de mi hijo abrió la puerta. Era uno de los nietos de Jung. Le expliqué quién era yo y lo que deseaba; pero el joven nos respondió que, no estando sus padres en la casa, él no podría hacernos entrar.

Iba a partir descorazonado, cuando un auto entró al parque y se detuvo frente a nosotros. Una mujer descendió. Era la hija de Jung, la señora Niehul-Jung, tía del joven. Al reconocerme, nos hizo entrar de inmediato. Y nos explicó:

—La casa ha sido ocupada ahora por mi hermano arquitecto. La vida se continúa así, lo cual agradaría a mi padre... Es sumamente extraño lo que ha sucedido. Yo iba a otro sitio, no pensaba en venir aquí, pero he sido desviada en el camino, como dirigida...

Jung me recibe, así, nuevamente en su casa, pienso; él no me podía dejar en el portal, como a un extraño. Y con recogimiento conduzco a mi hijo hacia lo alto, en dirección al estudio. Aquí todo se encuentra casi igual. Los anaqueles con sus libros; pero fal-

175

tan la mesa de trabajo y un no sé qué en la atmósfera. Shiva permanece aún sobre el monte Kailas.

Trato de revivir nuestro último encuentro, la despedida. Y, con los ojos semicerrados, imagino al doctor Jung junto al ventanal.

La señora Niehul-Jung nos cuenta que, una vez a la semana, en cumplimiento de los deseos de su padre, la valiosa biblioteca alquimista estará abierta al público para su consulta.

Nos lleva luego al jardín, pues desea mostrarnos algo. Se han cortado recientemente muchos árboles añosos para dejar una vista abierta sobre el lago. Nos conduce junto al árbol a cuya sombra Jung acostumbraba sentarse, y nos muestra una gran cicatriz que cruza el tronco de arriba abajo, casi en toda su extensión.

—Al morir mi padre, una tormenta se desencadenó sobre Kusnacht. Nunca había ocurrido esto en tal época del año; un rayo cayó sobre el árbol a cuya sombra él se sentaba...

Contemplo la marca del fuego celeste, que es también un signo de que Jung estaba ubicado en el centro de las fuerzas universales. La Naturaleza respondía, *sincronizada*, tocada, *emocionada*.

Si en mi sueño la angustia y la duda me envolvieron, ahora otros hechos significativos venían a equilibrar en lo externo el peso de la nada. ¿O era tal vez que yo no había sabido interpretar un sueño?

Oigo decir a mi hijo:

—¡Qué bello es aquí! Me gustaría vivir siempre en este lugar.

Se encuentra junto al lago, donde las suaves olas vienen a rozar sus pies.

En el cementerio de Kusnacht hállase la tumba de la familia Jung. Voy a visitarla.

176

En la tierra yace una piedra redonda con una cavidad en el centro para recoger el agua de la lluvia, el agua de los cielos. Otra piedra vertical reproduce el escudo de armas de la familia, y, formando un cuadrado que lo encierra, se lee la siguiente inscripción:

V   Secundus homo coelestis de Coelo   D
o
c   e
a
t   u
u
s   s

a
t
q   A
u
e   d

n   e
o
n   r

V   i
o
c   t
a
t
u
s   Primus homo terrenus de Terra

"Primero, el hombre terrestre de la Tierra". "Segundo, el hombre celestial del Cielo". Es una sentencia de San Pablo, creo. Luego, la misma frase que se encuentra en el portal de la casa de Jung: "Llamado o no llamado, Dios está presente".

Un Mito Para Nuestro Tiempo

Al final de su carta del 14 de setiembre de 1960, Jung escribía:

"Guardo mi luz y mi tesoro, convencido de que nadie ganará -y yo mismo sería herido sin esperanza– si la perdiera. Ella es lo más alto y preciado, no solamente para mí, sino, sobre todo, para la oscuridad del Creador, quien necesita del Hombre para iluminar su Creación".

En sus Memorias póstumas, este pensamiento se completa. También allí cuenta lo que refiere en su carta sobre cómo el jefe de los indios pueblos, Ochwián Biano, creía que ayudaba al Sol a levantarse en el amanecer. Y Jung trata de encontrar para el hombre moderno un Mito tan trascendente o vital como aquel. Este se le revela en su propia vida, en su trabajo de años: *Iluminar la oscuridad del Creador*. Proyectar la luz de la conciencia en ese mar ilimitado y sin fondo, en lo Inconsciente, que no es otra cosa, quizás, sino Dios mismo... Este es el Mito vivo y trascendente, a disposición del hombre moderno, aunque no de todos los hombres.

Dar conciencia en el sentido junguiano no equivale a racionalizar, sino a proyectarse con "esa luz que es su tesoro" y que emana de aquella misteriosa "central" de la persona, del individuo, para dirigirse al reino de las sombras e ir incorporándoselo en un proceso sin fin.

Jung ve en los ojos de los animales el sufrimiento de la noche de la creación, el miedo, su peso, en donde aún no se ha hecho la luz. Y cree descubrir que ellos nos necesitan, nos esperan para que les revelemos el mundo y el misterio de sus dolorosas existencias, para que los contemplemos y los reflejemos, proyectándolos en la luz. En una palabra: para que lleguemos a ser el espejo de la creación, del animal, del árbol, del río, de la piedra y, tal vez, del mismo Dios. Somos, en fin, la conciencia del mundo, el espejo de la flor; la Naturaleza nos ha formado a través de edades, para que la revelemos, para que la contemplemos en su efimereidad, en su evanescencia. Y ahí están, entonces, los seres los objetos sacramentales, esperándonos. Nosotros pasamos y no lo sabemos. Pasamos sin *ver*, sin *mirar*. Pasamos sin saber que la flor grita de dolor porque la contemplemos, que la sartén espera nuestro saludo matinal, que el Sol necesita que se le ayude a mantenerse en lo alto, que la Tierra pide ser apoyada en su movimiento de rotación. Y cuando llegamos a *mirar* a la flor, ella lo sabe, lo siente y nos lo devolverá con alguna forma de amor tal vez cuando estemos disolviéndonos en el seno de la tierra.

Rilke decía en sus "Elegías de Duino" algo que, seguramente Jung suscribiría:

> *Porque el estar aquí es mucho, y porque todo*
> *lo de aquí nos necesita en apariencia, lo evanescente,*
> *lo que de una rara manera nos toca.*
> *A nosotros los más evanescentes. Una vez*
> *cada cosa. Sólo una vez. Una vez y no más.*
> *Y nosotros también una vez. Nunca jamás. Pero este*
> *haber sido una vez, aunque solamente una vez;*
> *haber sido terrestre, parece irrevocable.*

....

Y estas cosas cuyo vivir es desfallecimiento
comprenden que tú las alabas; perecederas,
confían en nosotros, los más efímeros, como capaces de sal-
*   var.*
Quieren que nos obliguemos a trasmudarlas del todo,
en nuestro corazón invisible –¡oh, infinitamente! en
*   [nosotros,*
quienesquiera que seamos al final.

....

Tierra, ¿no es esto lo que tú quieres: rebrotar
en nosotros invisible? –¿No es tu sueño
ser invisible?– ¡Tierra!, ¡invisible!
Pues, ¿qué otra cosa sino transformación
es tu apremiante mandato?

El hombre es un producto de la Naturaleza y, sin embargo, se
rebela contra ella, porque pareciera no aceptarlo. Débese esto,
quizás, a que en la Naturaleza existiría también algo más que un
ser ciego y sufriente, otra fuerza que la cruza de parte a parte y
que nos empuja al sacrificio, a la rebelión. Mas esta "otra fuerza" posiblemente también forme parte de la Naturaleza; es decir,
que aquello que nos empuja a la rebelión sea lo mismo que nos
induce a amarla. Cuando niño, yo me sumía en una contemplación paradisíaca del mundo que me rodeaba, fundido con las
plantas y los espíritus de la Naturaleza. Es que tal vez allí exista
un dios dolido y también gozoso, que nos llama, en la espera de
que le revelemos los abismos de sus goces y de sus penurias; porque, como decía el Alquimista: "El hombre deberá terminar la
obra que la Naturaleza ha dejado incompleta".

Teilhard de Chardin escribía:

"La Tierra elevará maternalmente en sus brazos gigantes, y hará ver el rostro de Dios, a quien apasionadamente ame a Jesús, escondido en las fuerzas que hacen crecer la Tierra".

Y luego:

"A quien haya amado a Jesús, oculto en las fuerzas que hacen morir a la Tierra, cuando él desfallezca, le alzará maternalmente en sus brazos gigantes y con ella misma se despertará en el seno de Dios".

Según Rilke, nos llevaremos de aquí algunas palabras, quizá la palabra "casa", "puente", "fontana", "ánfora" o "árbol de fruta". Cada uno se llevará la palabra que más haya amado. También una rama de gencianas amarillas o azules.

Sí. Me parece que este es el Mito para el hombre moderno predicado por Jung al final de su vida y ejemplarizado con su existencia.

Para mí hay también algo más, hay una flor última, una flor de pura creación, una flor mítica e inexistente, que quizás ya no sea de la Naturaleza, y que es lo que realmente ubica a Jung en la tradición mágica que cruza las edades.

La flor inexistente es eso que él llamó el Sí-Mismo, el Círculo cuya circunferencia está en todas partes y su centro en ninguna. Ese centro de la persona que hay que inventar, porque, estando allí, no lo ha estado jamás, aun cuando existiera siempre, implícitamente, en potencia.

Es decir: la eternidad, la inmortalidad es invento, es creación. El alma misma es obra, construcción del hombre. Hay que creer que el *Centro*, que la *Flor* existen, aun cuando no existan, aun cuando nunca sean. "Bienaventurados los que no vieron y creyeron..."

Y este acto de pura creación, de pura inexistencia, parecieran er tan fundamental que, cuando acaece, la Naturaleza entera responde, se inclina ante su soplo y poder. Y entonces, un rayo cae sobre un árbol, para indicar que ella ha sido tocada en el centro de su abismal corazón.

Conclusión

Una mañana, en las alturas de los Himalaya, en la muy rel
giosa ciudad de Almora, contemplaba a mi amigo Bochi Se
quien, sentado con las piernas cruzadas a la manera hindú y c
bierto con una capa que había traído de España, dejaba corr
sus lágrimas por sus mejillas morenas, mientras me narraba su
experiencias en el Huerto de los Olivos, durante su peregrin:
ción a Tierra Santa.

De pronto, cambió la conversación y pasó a hablarme d
doctor Jung y de una visita que le hiciera en Zurich, hace año
Mi amigo hindú estaba profundamente impresionado porqu
Jung le había dicho que si volviera a vivir alguna vez, a reenca
nar, y pudiese elegir su vida, elegiría la misma que tuvo.

Hesse y Jung vivieron sus vidas plenamente, llenándolas c
sentido; tal vez sean de los pocos y últimos hombres que lo ha
hecho. Su trabajo les satisfacía, era una expresión de su ser. S
hubiese que señalar una diferencia entre ambos, diría que e
Hesse encontré más paz, más serenidad que en Jung al final d
sus días. Jung parecía estar buscando hasta el último instant
Tal vez él pudo hacer suya la aspiración del Mago, quien, al r
vés del Santo, no ansía la fusión, ni la pérdida, ni la paz en Dio:
ni la felicidad, sino el caminar eterno, la gran infelicidad. Per
no lo sé.

Y pienso también que si Jung no hubiese sido un hombre ·l

encia, que expresara sus búsquedas y descubrimientos en un
paje adecuado para la mentalidad actual, pudo aparecer a los
ombres de nuestro tiempo como un personaje extraño, que na-
a experiencias fantásticas e improbables. Él expuso con nuevos
rminos los misterios que corresponden a la tradición eterna y
ue, de un modo u otro, se encuentran reñidos con el lenguaje
e la ciencia oficial. Por ello, es muy posible que lo que de Jung
uede para esa tradición sea lo que he tratado de mostrar aquí
n este libro: la *Aurea Catena,* el Círculo Hermético.

Comprendo que si fui admitido junto a Hesse y Jung, quizás
e deba a esto mismo, a la necesidad de destacar esa parte de sus
ensajes, contando lo que en ellos vi. Nuestro deber no es úni-
amente para con las cosas, sino, también, para con los hom-
res. Hay que trasladar el mensaje de generación en generación.

Al terminar aquí este libro de recuerdos sobre estos dos
andes seres, siento que sus presencias me rondan –aun cuan-
o sin duda ello acontezca solamente dentro de mí mismo–,
omo si aún tuvieran algo más que decirme; pero algo que se
e escapa…

ÍNDICE DE LÁMINAS

INDICE

Libros
impresiones

Este libro se terminó de imprimir
en octubre de 2007
Tel.: (011) 4204-9013
Gral. Vedia 280 Avellaneda.
Buenos Aires - Argentina

Tirada 1.000 ejemplares

Si desea recibir información gratuita sobre nuestras novedades y futuras publicaciones, por favor:

Llámenos o envíenos un fax al: (54-11) 4811-0507

Envíenos un e-mail: info@kier.com.ar

Complete el formulario en: www.kier.com.ar/cuestionario.php

Recorte esta página y envíela por correo a:

EDITORIAL KIER S.A.
Avda. Santa Fe 1260
CP 1059 - Buenos Aires
República Argentina
www.kier.com.ar
www.cnargentina.com.ar
www.megatiendanatural.com.ar

Apellido
Nombre
Dirección
Ciudad - Código Postal
Provincia - País
e-mail

Si desea realizar alguna sugerencia a la editorial o al autor, no dude en hacerla llegar. Su opinión es muy importante para nosotros.

Muchas gracias.
EDITORIAL KIER

EL CÍRCULO HERMÉTICO